ラトヴィアの図書館

光を放つ文化拠点

吉田右子

THE LIBRARIES OF LATVIA

— CULTURAL HUBS OF LIGHT —

2

1

3

1. ダウガヴァ川
2. 聖ヨハネ教会
3. ユーゲントシュティール建築
4. リーガ旧市街の風景
5. ラトヴィア新国立図書館の対岸に見える聖ペテロ教会

4

5

6

6. 本の愛好者の鎖―手渡されていく本（写真提供：National Library of Latvia）
7. ラトヴィアの民族衣装（ラトヴィア新国立図書館の展示会より Photo Mārtiņš Ziders)
8. アーティストが描いた図書館の壁画（リーガ中央図書館チエクルカルンス分館）
9. ラトヴィア新国立図書館の広々としたエントランス

7

9

8

11

10

10. ラトヴィアの伝統的なオーナメント（リーガ中央図書館本館）
11. リーガ中央図書館本館にある詩の朗読室
12. 厳しい天候が続く冬のラトヴィアの図書館（ユールマラ中央図書館）（写真 Artis Veigurs）
13. 熱心に本を選ぶ利用者（ユールマラ中央図書館）（写真 Artis Veigurs）

12

13

はじめに――「読書施設としての図書館」は滅びるのか

ラトヴィア人の建築家イルゼ・パクローネ（Ilze Paklone）は、「ラトヴィアらしさ」について、ユネスコの「世界の記憶」ともなっている伝統的な四行詩「ダイナス（Dainas）」[1]を例にとって次のように語っている。

ラトヴィアの伝統的な四行詩は、思考の凝縮した禁欲的なかたちであり、世界観を比喩的、調和的、かつ穏やかに描写することを大切にしている。（中略）ラトヴィア人はどちらかというと控えめだが、同時にこうした距離感や沈黙は貴重であり、（中略）小ささや緊密さの豊かな経験に加えて、静寂、沈黙、距離感、幅の広さ、そして慎ましさも、ラトヴィアらしさを説明するのに最も近い表現である。［和文参考文献8、9ページ］

（1）ダイナとは、ラトヴィアの民間伝承の民謡である。ダイナは人の一生にかかわるすべての事象を網羅しており、「ラトヴィア人のアイデンティティ」と言われている。一八一ページ参照。

パクローネが「ラトヴィアらしさ」としたもののすべてが、本書の主人公であるラトヴィアの図書館にぴったりと当てはまる。慎ましい小国の隅々にまで設置された図書館は「光の島（gaismas saliņas）」と呼ばれ、そこに置かれた図書とともに今日もたくさんの人びとを迎え入れている。

二一世紀の公共図書館で起こっていること

なぜ、ラトヴィアの図書館に私が注目したのか。それを説明するために、二一世紀の公共図書館を取り巻く状況から話をはじめよう。

現在の公共図書館が世界各地に造られたのは、一九世紀中頃から二〇世紀の初期にかけてである。それから一〇〇年以上をかけて、公共図書館は目まぐるしく変化を続ける社会とともに成長を続けてきた。初期の図書館は、文字どおり図書で埋めつくされていたが、新しいメディアが社会に出現するたびにそれを取り込み、現在では、図書、視聴覚資料、オンライン資料など多様なメディアを取り扱う場所となっている。

時代とともに変化したのは、扱うメディアの種類だけではない。図書館の活動も、資料などの貸出しから「知識と文化にかかわる多様なサービスの提供」へと、少しずつだが進化を遂げてきた。

図書館は社会を映し出している

図書館は、社会的・文化的・政治的な環境がもたらす影響を直接受ける機関である。現時点における大きな影響要因の一つは情報技術となるが、これに関しては「図書館のお家芸」と言えるだろう。

二〇世紀の初頭から、図書館は新しい情報技術をメディアとして取り入れることに貪欲だった。世の中に新しく登場するメディアは、多くの場合高価なものとなるから、コミュニティーの文化施設として図書館ではいち早くそれらを導入して住民に無料で公開してきた。たとえば、ラジオ、テレビ、レコード、映画がその例となる。またインターネットが登場したときも、その新たな世界をもっとも早く住民に公開したのは公共図書館の職員であった。

公共図書館は、基本的人権である「文化保障」にかかわる施設として、すべての地域住民が容易にアクセスできるように配置されてきた。その結果として、図書館は誰にとってもアクセスしやすい公共施設となり、さまざまな公共サービスが導入されるようになった。不在者投票の場、保健所の出張所、若者を対象とした相談窓口のハブ、そして高齢者サークルの活動場所など、図書館の内包する機能は広がりをみせてきた。日本でいえば、公民館や地域センターにおける活動を思い浮かべるといいかもしれない。

にぎやかな図書館への変身

このような変化を遂げてきた結果、今日の図書館がある。二〇世紀には情報・メディアへのアクセス保障を根本理念とし、知識と情報の提供、教育機会の拡張を掲げて成長してきた公共図書館も、二一世紀に入ると将来的な方向性を、文化への接触、他者との出会いや議論する場の提供といったサービスにまで定めはじめた。

こうした変化の背景には、マイノリティーグループを社会的に包摂し、ITスキルを修得するための学習プログラムを集中して提供するといった形で、社会的・文化的格差を埋める教育施設としての役割が図書館に期待された、ということがある。

つまり図書館は、情報と資料の提供を基調としながらも、文化にかかわるあらゆる事業を引き受けることになったわけである。そして、その過程において、「静寂」の象徴であった図書館は、多くの人がさまざまな目的をもって集まる「にぎやかな空間」へと変貌を遂げた。

今や、図書館で貸出しているものは本だけではない。電子書籍を読むためのタブレットの貸出も珍しくない。アメリカでは、かなり前から工具の貸出しを行ってきたし、フィンランドではノルディックウォーキングのポールまで借りられるようになっている。

用意されているプログラムを見ると、さらに「何でもあり」といった状態となっている。公民館が存在しない海外においては、公共図書館が「地域センター」の役割を果たしているため、料理教室からブレイクダンスの講座に至るまで、思いつくことは何でも図書館で行われていると言っても過言ではない。

保育園への「出張読み聞かせ」や、低所得者を対象とした「無料法律相談会」の開催が図書館の仕事であると納得できても、スタッフがティーンエイジャーとコスプレ用の衣装をミシンで縫ったり、ピクニックセットを貸出したり、学校給食がない時期にはランチを提供しているという話を聞くと、「えっ⁉　そんなことまで図書館の仕事？」と思ってしまう。

しかし、「すべて公共図書館の仕事」なのだ。これらの活動は、一見したところバラバラに見えるが、そこには、公共図書館の存在基盤にかかわる「揺るぎない哲学」が貫かれている。公共図書館は、「情報・文化へのアクセスの公平性を担保し、学習機会を平等化する**文化保障装置**」であるということだ。これは、公共図書館ができた一九世紀半ばから二一世紀の今に至るまで、変わることのない「図書館の理念」となっている。

「図書館って、いったい何ですか？」

文化と情報のアクセス機関としての期待にこたえ、社会状況に合わせて進化を続けている公共図書館については、二〇〇〇年代の半ばに北欧を調査フィールドに定めてから、ずっとそのカラフルさを観察してきた。いつ行っても知的好奇心を刺激してくれる、明るくて楽しく、にぎやかな空間がそこにはあった。そして、これからもその進化は決して止まらないということも容易に想像できた。

しかし、一方では、そうした「何でもありの」図書館に対して「違和感」を抱くようにもなった。図書館が活動範囲を広げれば広げるほど、その本質が見えにくくなってしまうというジレンマにいら立ちを覚えるようになってきたのだ。

このような思いは、私だけが抱いたものではなかった。というのも、北欧の図書館研究者や司書と話していると、図書館の存在意義に関する根本的な問い、つまり「図書館って、いったい何ですか?」といった言葉が何度も俎上に載ったことがあるからだ。

文化と情報の総合センターになった図書館

現在、公共図書館は文化と情報の総合センターになっている。さまざまなサービスが展開されているなかで、読書以外の図書館における機能がアピールされる場合が多くなっている。「起業支援」、「まちづくりワークショップ」、「3Dプリンターが使えるラボ」、「コワーキングスペース」、「本格的なカフェ」などを前面に押し出して、多くの図書館が人々の来館を誘っている。そして、そうした新しい図書館の魅力を発見した人は、「図書館は変わった」と実感し、周りの人にその魅力を語っている。

　このような形で、図書館は古いイメージを払拭しながら進化を続けている。もちろん、必然的な流れであるし、それ自体を否定することはできない。もし、図書館が社会の流れとは隔絶された状態で、資料提供を中心とした伝統的な機能に固執していたら、おそらく社会施設としては淘汰され、図書館自体がなくなっていたかもしれないからだ。

伝統的な図書館にこだわる利用者

　一方、こうした図書館の変化の流れにうまく乗れていない人もいる。たとえば、これまで熱心に図書館を利用してきた人たちである。これらの多くの人は、「古い図書館のイメージ」を頑なにもち続けており、さまざまなことができるようになった図書館において、「ただひたすら黙って」、一人で本を探したり、本を読んだりしている。

　こんなにも変化を遂げているのに、なぜ来館者の多くが変わらないのだろうか。もちろん、図書館のＰＲ不足や「図書館は本を貸出す場所」という利用者自身による思い込みが行動の幅を狭めているとも考えられる。しかし、多目的の文化機関となった北欧の図書館でひたすら読書をする人を目の当たりにするうちに、少し別の考え方が私には芽生えてきた。「二一世紀の図書館」という空間において、「ひたむきに読書する利用者」をきちんと位置づける必要があるのではないだろうか、と。

公共図書館の利用方法は、利用者自身に任されている。図書館は提供可能なサービスのメニューを提示し、利用者が主体的に受けたいサービスを選ぶというのが原則である。とはいえ、図書館からすれば、伝統的な資料サービスに加えて、新しく導入したメディアと機能が利用されることを期待しているはずである。だから、オンラインデータベースの探索や電子資料の閲覧、3Dプリンターを使った創作活動やワークショップなどが「これからの図書館のスタンダードである」と想定して、サービスをデザインしているわけである。その背景には、「読書施設としての図書館は滅びる」という強い危機意識がある。

公共図書館における読書復権

しかし、利用者に目を向けてみると、サービス提供者である図書館側の思惑と利用者の行動は必ずしも一致していない。結論を最初に言ってしまうと、「利用者は、図書館に読書空間を求めている」ということだ。図書館がどのような変化を遂げようとも、利用者の多くは「読書のための場所だ」と頑なに思っている。

事実、二〇二〇年に出版コンサルタントのティム・コーツ（Tim Coates）が著した『フレックル・レポート』では、まさにそんな「変わらない利用者」がはっきりと描き出されていた「欧文参考文献6、5・9・18・39ページ」。

アメリカの場合を例に挙げてみよう。公共図書館の利用目的を尋ねた質問では、実に七〇パーセント以上の利用者が図書を借りるために訪れていた。電子書籍の貸出は八パーセント、コンピュータを利用目的としている人は九パーセント、レファレンスサービスを受ける人が八パーセント、プログラムへの参加が四パーセントとなっている。また、回答者における図書の入手先は、多い順に、友人・家族からが二六パーセント、書店が二三パーセント、公共図書館が一七パーセントとなっている。

報告書では、図書館を頻繁に利用する「読書する人々」に目を向けるべきだ、と警鐘を鳴らしている。具体的には、予算が減らされている図書などの購入金額を一〇年前のレベルに戻す必要がある、と記されている。

二〇二三年にデンマークのシンクタンクである「未来の図書館（Tænketanken Fremtidens Biblioteker）」が刊行した『図書館利用　今日・明日――ターゲットグループに基づくマッピング』も、二一世紀の公共図書館の多様なありようを示しつつ、読書施設としての図書館のイメージが今なお主流であることを明らかにしている［欧文参考文献23］。

最新モデルの図書館で目にした、ひたすら読書する利用者を「古きよき時代の図書館にこだわる、時代に取り残された人びと」とひと言ではまとめられない何かを感じていた私にとって、これらの報告書の示す事実は、その実感を裏づけるものとなった。そして、「読書施設としての図書館は滅びる」という主張に反論するためにも、読書空間としての「図書館の存在感」を示す必要があるのではないかと強く感じるようになった。

このような感情は、司書にレファレンス質問を投げ掛けることもせず、魅力的なプログラムにも参加せず、ただひたすら読書に打ち込む人たちを、二一世紀の図書館という空間において「正当に位置づけたい」という願いとも重なっている。

なぜ、小さな国の図書館に着目するのか

こうした経緯もあり、私はこれまで研究対象としてきた公共図書館を見つめ直すことにした。公共図書館の根幹部分に立ち戻り、文化制度としての図書館の存在意義を考える必要を強く感じたからである。

最初に浮かびあがったのは、「本を伝える装置」としての図書館である。図書館が多機能化するに従って相対的に薄れている「本を循環させる社会装置」としての役割を、きちんと示してみたいと思ったわけだ。

出版物にかかわるアクターは図書館だけではない。まずは著作物を創作する作家がいて、その創作物が社会に送り出されるまでには、製紙メーカー、印刷所、製本所、そして出版社がその任に当たっている。本となってからは、取次会社（問屋）を経由してリアル書店やインターネット

書店、そして図書館を通して読者のもとに届けられている。こうした出版物をめぐる構図を、図書館を中心に見ていく際、いくつかの条件が思い浮かんだ。それは、少数話者の言語国家であること、出版マーケットがそれほど大きくないこと、公共図書館の歴史が一〇〇年ぐらいあること、そして読書人口が多いことである。

最初の二つは、著作物の循環に関する全体像を描くことにかかわってくる。言うまでもなく、少数話者の言語であることは、出版マーケットの小ささを証明するからである。逆に言えば、小規模であることでその全体像が見えやすくなる。

最後の二つは、「読書」という行為が社会に浸透しているかどうかにかかわる要素となる。図書館は普遍的な社会装置としてどこの国にも存在しているが、そのあり方は、設置された地域の読書状況と密接な関係をもっている。そのため、義務的な読書以外の楽しみとしての読書がどれぐらい定着しているのかが図書館の利用にかかわってくる。

こうした条件を満たす国として思い浮かんだのが、今までフィールドとしてきた北部ヨーロッパの国々のなかでもひときわ小規模な、バルト三国の一つ「ラトヴィア」であった。ラトヴィアで図書館は、「光の島」、「光の点」などと呼ばれてきた。ラトヴィアの人びとにとって光は「知識、文化、自己成長」を意味しており、図書館を想起させる言葉となっている。

人口が二〇〇万人に満たないラトヴィアにある公共図書館数は、ざっと数えても日本の一五倍以上となる。この驚異的な数字は、「公共図書館大国」と言われるスカンジナビア諸国の図書館数をも圧倒している。なぜ、こんなにもたくさんの公共図書館が小さい国の隅々にまであるのだろうか。この疑問を解き明かせば図書館の本質に迫ることができるのではないかと考えたことも、ラトヴィアを研究対象として選んだ理由である。

ラトヴィアの概要

図書館の話に入る前に、ラトヴィアという国の概要を紹介しておこう。

ラトヴィアの国土面積は約六・五万平方キロメートルで日本の約六分の一、人口は約一八九万人、公用語はラトヴィア語。二〇世紀以降、ソ連とドイツに占領されたという歴史をもっている。最初にラトヴィア全土がロシア領になったのは一七九五年である。一九一八年に独立を果たし、そして一九四〇年にソ連に再占領されるまでの短い期間は、ラトヴィア固有の芸術が開花した時期として知られている。

その後、一九四一年のナチス・ドイツによる占領を経て、一九四四年に再びソヴィエト社会主義共和国連邦に再占領され、一九四四年から一九九一年までは「ラトヴィアソヴィエト社会主義共和国（Latvijas Sociālistiskā Padomju Republika: LSPR）」となった。一九八〇年代半ばから少しずつ独立の機運が高まり、一九八九年八月二三日、バルト三国による独立のための抗議行動

図　バルト三国の位置

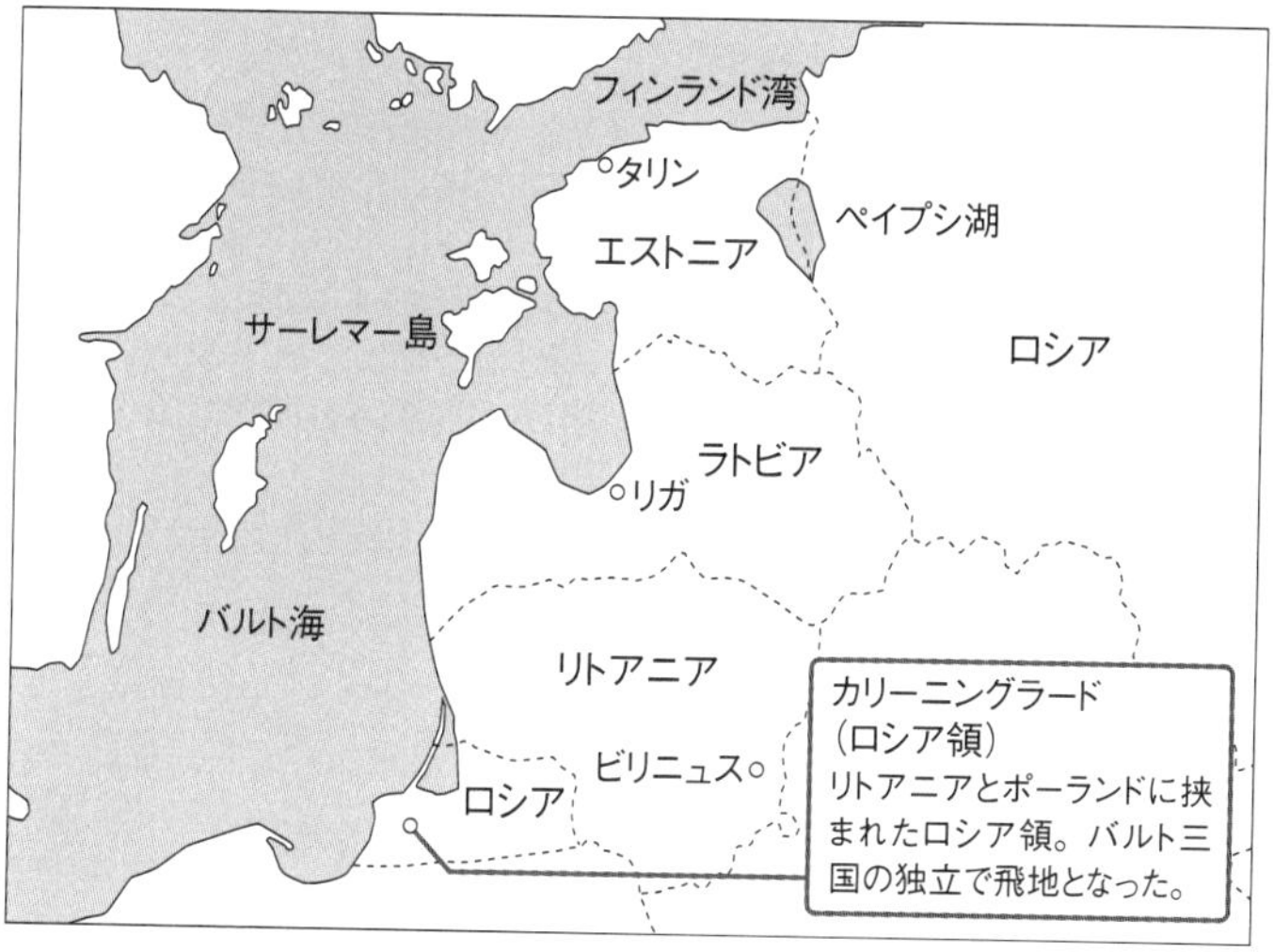

「バルトの道（Baltijas ceļš）」を経て、一九九一年三月に再独立を果たした。

「バルトの道」とは、当時ソ連占領下にあったラトヴィア、エストニア、リトアニアが団結して大国に挑んだ独立のための抗議活動である。一九八九年八月二三日の午後七時、三か国の首都リーガ（Rīga）、タリン（Tallinn）、ビリニュス（Vilnius）を結ぶ約六九〇キロメートルにわたって人びとが手をつなぎ、路上に「人間の鎖」をつくるという形で抗議活動を行った。

このときの参加者数は約二〇〇万人と言われている。完璧に、平和的に成し遂げられたデモンストレーションとして、世界史に残る政治的な抗議活動となった。

占領期時代を通して続いたラトヴィア語、

人間の鎖（撮影：Aivars Liepiņš）（出典：黒沢歩『木漏れ日のラトヴィア』新評論、2004年、125ページ）

そしてラトヴィア文化の弱体化を克服するために、独立後、「ラトヴィア語庁」は厳密な言語保護、出版助成と作家への支援事業、公共図書館による出版物の確実な伝播と保存などといった文芸保護政策をとり、ラトヴィア言語・文化の復興を目指して精力的に取り組んできた［和文参考文献6、10ページ］。そして、二〇〇四年五月にEUへの加盟を果たし、ラトヴィア語を中核とするラトヴィア文化を世界に発信できるだけの基盤をつくりあげている。

図書館の復興

ソ連の占領時代、ラトヴィアの図書館はソ連政府のプロパガンダとしての機関であった。ラトヴィア文化の地位は著しく低く、しかも占領期時代には、ラトヴィア固有の資料もその大多数が失われている。

独立を果たしたときの図書館は、ラトヴィア文化の砦としてはほとんど無に等しい状態であった。これを契機として、ラトヴィアの図書館界は、一丸となって民主主義国家となった国にふさわしい図書館をつくりあげていった。つまり、現在のラトヴィアにおける図書館制度は、仕組みができあがってからまだ三〇数年しか経っていないことになる。ヨーロッパ諸国の図書館が自国の図書館制度をつくりあげてから一〇〇年以上が経過している状況に比べると、ラトヴィアが図書館の再建をいかに迅速に行ったかが分かる。

そして、二〇一四年に開館した「ラトヴィア国立図書館（Latvijas Nacionālā bibliotēka）」は、独立後の図書館再構築運動のシンボルともなり、開館を祝福する市民が手渡しで旧館から新館へと図書を運び入れたことが報じられると、世界中の図書館関係者は大きな驚きと感動をもって、そのビッグニュースを受け取った。

本の愛好者の鎖（Photo: Edgars Kalmens）

＊＊＊

ラトヴィアの図書館についての調査を進めるために、二〇一九年一二月、駐日ラトヴィア共和国大使館を通じて「ラトヴィア図書館協会（Latvijas Bibliotekāru biedrība）」の会長であるマーラ・イェーカブソーネ（Māra Jēkabsone）さんを紹介してもらい、連絡をとった。その数日後、マーラさんから「ぜひ、ラトヴィアにおいでください」という温かいメッセージとともに、「自分が中心になってまとめた」というラトヴィアの図書館に関する報告書や資料などが次々と送られてきた。

私は、まだ見たことがないラトヴィアの風景を思い浮かべながら、まずは資料を読みはじめることにした。

年が明け、「フィールドワークの準備を本格的にはじめなければ……」と思い出したころ、新型コロナウイルス感染症のニュースが頻繁に報じられるようになった。ほどなくして、感染症は瞬く間に全世界に広がり、海外渡航の可能性が閉ざされてしまった。

私はマーラさんに、「残念ながら、しばらくの間、渡航は諦めなければならない」こと、そして、「でも、いつか必ずラトヴィアを訪問して図書館を調査したい」という内容のメールを送った。するとマーラさんから、「すでにお送りした資料の内容に関して、さらにご質問があれば、遠慮なくお尋ねください」という返信が届いた。

その後、新型コロナウイルス感染症のパンデミックはさらに進行し、多くの国で都市封鎖の勧告が出されるようになった。そして、二〇二〇年三月から、世界はそれまでとまったく違う様相を呈しだした。国境は封鎖され、人びとの行き来が完全に遮断されてしまった。

その後も、マーラさんとは図書館に関する情報のやり取りを続けていたが、パンデミックという長い長いトンネルの出口が少し見えかけたのは二〇二二年の末で、海外渡航が自由にでき

マーラ・イェーカブソーネさん
（撮影：Artis Veigurs）

るようになったのは二〇二三年八月である。四年越しの願いがかない、私はようやくラトヴィアに旅立つことにした。

ちなみに、ラトヴィアの図書館との縁をつないでくださったマーラさんは、現在、首都リーガ近郊の保養地として知られるユールマラ（Jūrmala）の中央図書館館長に抜擢され、一九世紀後半からすでに観光都市として栄えてきた歴史ある文化都市において、これまで培ってきた図書館づくりの手腕を発揮されている。

リーガに到着した私は、その年の六月に実施された「全ラトヴィア歌と踊りの祭典（Vispārējie latviešu dziesmu un deju svētki）一〇〇周年記念大会」の余韻が残る街に滞在し、図書館をいくつか見て回ることにした。本書で記していくのは、ラトヴィアの首都リーガの図書館探訪記である。日本で初めて紹介することになるラトヴィアの図書館事情をなるべく詳しくお伝えしていきたい。

ユールマラ中央図書館外観（撮影：Artis Veigurs）

もくじ

第3章 ラトヴィア公共図書館のサービス　77

第6章 ラトヴィアと日本の図書館について語り合う 243

凡例

本文中における［和文参考文献8、6ページ］などの表記は、巻末に掲載した参考文献・参考資料一覧に記した番号とそのページ数を示すものである。

ラトヴィアの図書館——光を放つ文化拠点

第1章

図書をめぐるストーリー

——言語・出版・図書館

詩の朗読室の展示コーナー（リーガ中央図書館本館）

1 ラトヴィア語とラトヴィア文化

図書が生み出され、読者のもとに届くまでの行程には、前述したようにさまざまなアクターがかかわっているが、本章では、その主要要素として「言語」、「出版社」、「図書館」を取り上げて、ラトヴィアにおける「本の世界」を紹介していくことにする。

ラトヴィア語の位置づけ

まずは、ラトヴィア語の話からはじめる必要があるだろう。現時点では、国内においてラトヴィア語の図書が、ほかの言語に比べて圧倒的に多数刊行されている。しかしながら、このような出版状況は、ソ連からの独立の結果によるものである。

ソ連時代のラトヴィアでは、言うまでもなくロシア語が優勢であり、ラトヴィア語の地位は低下の一途を辿っていた。そのような少数話者言語にとって絶望的な状況が少しずつ変わっていったのは、一九八〇年代に入ってからである。ラトヴィア語がラトヴィアソヴィエト社会主義共和国において「国語」として認められたのが一九八八年、その翌年の一九八九年に「ラトヴィアソヴィエト社会主義共和国言語法」が採択され、国語としてのラトヴィア語を普及させる動きがはじまった。

そして、独立後の一九九二年、一九八九年の言語法を改訂した「ラトヴィアソヴィエト社会主義共和国言語法における修正点と補足点について」が発効されるに及び、ラトヴィア語の地位が公的に確立した〔和文参考文献10、35〜36ページ〕。一九八九年に採択された「ラトヴィアソヴィエト社会主義共和国言語法」は「ラトヴィア語を唯一の国家語」と規定しており、一九九九年に採択された「国家語法（Valsts valodas likums）」もこの規定を踏襲している。

一九九一年のソ連崩壊後、バルト三国はそれぞれ、エストニア語、ラトヴィア語、リトアニア語を憲法で「国家語」として定め、教育、経済、メディアを中心に厳密な言語政策をとってきた。独立後のラトヴィアにおける市民権に関しても、ソ連占領後にラトヴィアに移住した者とその子どもには市民権を与えないこととした。その結果、ソ連崩壊後には「非市民」が生まれることとなった〔和文参考文献9、4ページ〕。ちなみに、二〇一二年二月、「ロシア語を二番目の国語とする」という憲法改正をめぐる国民投票があったが、反対派多数で否決されている。

ラトヴィア語を守るための国家機関

長期にわたる占領という苦難の歴史のなかで、自分たちの言語を守り抜いてきたラトヴィア人にとっては、ラトヴィア語は単なるコミュニケーション・ツールではなく、アイデンティティそのものとなっている。ラトヴィア語を守り、伝えていくための専門機関として「ラトヴィア語庁」が設置されている。ラトヴィア語庁とは、「国家語庁（Valsts valodas aģentūra）」と「ラトヴィア語修得国家庁（Latviešu valodas apguves valsts aģentūra）」が再編されたもので、二〇〇九年七月一日に設立されている。

ラトヴィア語庁は教育科学大臣の直属機関であり、ラトヴィア語の地位の向上と発展をミッションとして掲げ、これまでさまざまな政策を実施してきた。そのなかで、もっとも重要な役割となったのが「ラトヴィア語政策ガイドライン（*Valsts valodas politikas pamatnostādnes*）」の策定である。ガイドラインでは、以下のようにラトヴィア語の重要性が説明されている。

ラトヴィアの言語と文化は、ラトヴィア国民のアイデンティティの基礎であると同時に、ラトヴィア国家の国民文化的アイデンティティの基礎である。したがって、国籍、出身地、母語、宗教などに関係なく、ラトヴィア語はラトヴィアに住むすべての人びとにとって共通の価値観である。［欧文参考文献8、6ページ］

憲法に明記された国家語としてのラトヴィア語

ラトヴィア共和国憲法（Latvijas Republikas Satversme）の前文には、「ラトヴィア語が唯一の国家言語として統一的社会の基礎である」という記述がある。続いて、「共通言語は、民主主義社会において意思決定をし、相互に協力するために必要な共通の世界観、情報、議論の場を生み出す」と書かれている〔欧文参考資料40参照〕。

憲法におけるラトヴィア語への言及、ラトヴィア語庁の設置、そしてガイドラインの策定からも明らかなように、ラトヴィア語とラトヴィア文化を守り、その発展を保障することは国家的な義務とされているのだ。図書館とのかかわりで紹介すると、ラトヴィア新国立図書館の任務として、以下のことが定められている。

・文学と芸術の手段を通じて、ラトヴィア語を創造的に発展させ高めていくこと。
・ラトヴィア語をデジタル化するための戦略的基盤を構築すること。〔欧文参考文献8、38・40ページ〕

ただし、ラトヴィア語がいくら優勢とはいえ、「国内の三割以上の人口がロシア語を今後も母語として使い続けることから、今後もラトヴィア語とロシア語の二言語性は保たれていく」という状況に変わりはないと推察される〔和文参考文献11、36ページ〕。住民の約四分の一を占めているロシア語系住民が、「ロシア語を母語としつつも、各国の国家語の知識を様々なレベルで有し、それを用いて生活している」〔和文参考文献9、2ページ〕からである。

バルト三国には、社会における国家語の使用を監視する公的機関が存在している。エストニアでは「言語監督庁」、ラトヴィアでは「国家語センター」、そしてリトアニアには「国家言語監督庁」があり、公的な場面において国家語が使用されているか、民間企業が消費者に国家語でサービスを提供しているかを調査、監視している［和文参考文献9、4ページ］。

現在、ラトヴィアでは、小学校一年生から英語の授業がはじまり、五年生になると第二外国語の授業がはじまる。いくつかの言語から選択することになっているが、ロシア語を積極的に選ぶ生徒もいるとのことである。実際、首都リーガではロシア語系住民がほかの都市よりもかなり多く、ロシア語が話せることにメリットがあるからだ。また、ラトヴィア語、ロシア語以外の言語を母語とする人びとが多いため、ラトヴィアの言語状況はかなり複雑なものとなっている。こうした言語環境は、言うまでもなく図書館のありように直接反映してくる。

ロシア語とラトヴィア語が同じ書架に並ぶ
（リーガ中央図書館本館児童室）

表1－1　種類別出版点数

種別	2019年	2020年	2021年	2022年
書籍	2,100	1,805	2,108	2,022
（文学）	601	694	615	632
（児童文学）	263	211	217	220
新聞	154	245	236	154
雑誌	239	271	257	272
電子書籍	301	386	409	347

出典：［欧文参考文献14］をもとに作成。

2 ラトヴィアの出版動向

ラトヴィアにおけるラトヴィア語の位置づけをふまえ、ここからはラトヴィアの出版状況について見ていくことにしたい。独立後間もない一九九〇年代初期は一〇〇〇タイトルに満たなかったラトヴィア語の出版点数だが、二〇〇〇年代後半になって二五〇〇タイトルまで増加し、ピークを迎えることになった［欧文参考文献20、19・48ページ］。

ここでは、新型コロナウイルス感染症のパンデミックが起きる前の二〇一九年と感染拡大期にあった二〇二〇年、そして感染状況がやや落ち着いた二〇二一年以降のラトヴィアの出版状況を、新国立図書館がまとめた「ラトヴィア出版統計」のデータをもとに確認していくことにする。

出版点数を書籍、新聞、雑誌、電子書籍に分けて**表1－1**にまとめた。新型コロナウイルス感染症の影響によって、二〇二

表１－２　言語別新聞・雑誌点数（上段：新聞、下段：雑誌）

	2019年	2020年	2021年	2022年
ラトヴィア語	121 186	205 211	199 205	118 214
ロシア語	25 30	28 25	26 27	26 27
英語	1 11	1 21	1 16	1 19
他言語	7 12	11 14	10 9	9 12

出典：［欧文参考文献14］をもとに作成。

〇年の書籍の出版点数はかなり落ち込んだことが分かる。その一方で、電子書籍は二〇二〇年と二〇二一年に増加している。

また、文学の出版点数を国別に見ると、ラトヴィア語以外の言語としてはロシア文学、アメリカ文学、イギリス文学が多くなっている。ちなみに、ロシアによるウクライナ侵攻がはじまった二〇二二年には、ウクライナ文学が九点刊行されていた。

参考のために、新聞と雑誌の言語別出版点数を**表１－２**にまとめてみた。

新聞の発行部数が二〇二二年に大幅に減少しているわけだが、これは行政改革によって地方自治体数が八〇減少したことが理由である。つまり、各地方自治体が発行していた新聞が廃刊となり、これが発行部数の減少に反映されているということだ。

コ・ラ・ム

ベリーやキノコには軽減税を適用――ラトヴィアの付加価値税

表１－３　ラトヴィアで軽減税率が適用される主な物品

軽減税率	品目
12%	一部の医療機器、乳幼児向けの食品、国内輸送サービス、観光宿泊施設における宿泊、燃料など
５%	書籍、パンフレット、新聞、雑誌、インターネット上の出版物、熱処理されていない果物、ベリー類、野菜類

出典：［欧文参考資料50］から作成。

21％というラトヴィアの付加価値税率は、EU加盟国の平均的な税率と言えるだろう。軽減税率は12％と５％の２種類ある。**表１－３**に、軽減税率がどのような物品に適用されているのかをまとめてみた。

軽減税率が適用されるのは、どの国においても生活に欠かせない物品となるが、ここに「熱処理されていない果物・野菜」が入ってくるのは、夏のベリー摘みと秋のキノコ狩りをこよなく愛するラトヴィアらしい特徴と言えるだろう。ちなみに、日本で軽減税率が適用されるのは、酒類・外食を除く飲食料品と、定期購読契約が締結された、週２回以上発行されている新聞だけである。

最新の出版状況について新国立図書館は、ロシアのウクライナ侵攻によってインフレが加速したことで資源やサービスの価格が上昇し、とくに出版業界においては紙の調達コストがかさんでいると分析している。

ちなみに、ラトヴィアの付加価値税は二一パーセントであり、書籍・雑誌・新聞は一二パーセントの軽減税率が取られてきたが、二〇二一年度からはさらに税率が下がり、五パーセントとなっている。

出版界と図書館界が連携して読書推進

パンデミックによるダメージはあらゆる文化領域に及んだわけだが、とくに出版界は大きな損失を受けた業界の一つである。こうした文化的な損害を救済するためにはじめられたのが「図書調達プログラム」と呼ばれる活動である。コロナ禍の二〇二〇年六月に文化省（Kultūras ministrija）は、打撃を受けた著者、イラストレーター、翻訳者および出版界に対する支援を決定した。具体的には、文化省の「国家文化資本基金」から三〇万ユーロ（約四七一〇万円[1]）を支出し、この予算で新刊図書を買いあげて公共図書館に頒布するというプロジェクト「作家と作品――ラトヴィア公共図書館におけるラトヴィアの作家と文学」を開始した［欧文参考資料26］。

第一弾として、三三社の出版社[2]の図書から国内外で認められた受賞作品などを中心に、文学の専門家が質を重視して選んだ三二六タイトル、三万二六一五冊が購入されている［欧文参考文献11、11ページ］。なお、このプロジェクトは二〇二一年以降も継続されている。

プロジェクトの概要を「公共図書館のための図書調達に関する規定（Grāmatu iepirkuma publiskajām bibliotēkām nolikums）」に沿って見ていこう［欧文参考資料18］。プロジェクトの目的として掲げられたのは以下の三つである。

❶出版界、書籍の著者、翻訳者、イラストレーターを支援すること。

❷ラトヴィア公共図書館のコレクションの質を高めること。
❸新しく刊行された文学作品を市民が利用できるようにする形で知識の向上を図ること。

これらの目的に沿って購入される著作は、当概年と前年度に刊行されたものに限定されている。対象となる図書は、ラトヴィア文学作品、ラトヴィア文化にかかわる出版物、辞書、百科事典、参考文献および翻訳図書である。出版社への案内や申請書の受付、専門委員会による選書、出版物の購入、図書館への頒布などは、ラトヴィア新国立図書館が担当している。なお、書籍を選考する専門委員会の委員は、ラトヴィア書籍出版社協会、ラトヴィア作家連盟、ラトヴィア新国立図書館、そしてラトヴィア図書館協会から推薦されている。

文学の選考にあたっては、EU文学賞、文学、芸術、科学に対するバルト議会賞、ラトヴィア年間文学賞、ヤーニス・バルトヴィルクス賞、黄金のリンゴなどといった欧州圏内の文学賞へのノミネート作品や受賞作品が優先的に選出されたほか、ノーベル文学賞、ブッカー賞、ピューリッツァー賞、ゴンクール賞など、国際的な文学賞へのノミネート作品や受賞作品の翻訳書も選考

（1）二〇二三年八月のレート、一ユーロ＝一五七円で計算している。以下同。
（2）二〇二二年現在、ラトヴィア国内には四四七社の出版社がある。

の対象となっている。ただし、特殊な分野の出版物や学術文献は調達図書の対象とはなっていない。

二〇二二年度には、公共図書館のニーズに合わせて、出版社三九社の図書四八〇タイトル、一万八五九一部が購入された。これらの買い上げに加え、毎年行われる「子ども・若者・保護者による本の審査（Bērnu, jauniešu un vecāku žūrija）」（一〇〇ページ参照）というプログラムの枠組みのなかで三万三〇八五冊の図書が購入され、学校、公共図書館、世界各地にあるラトヴィア人コミュニティーの教育機関である「ディアスポラセンター（diasporas centri）」に配付された［欧文参考文献13、11・34ページ］。

なお、公共図書館を対象とした文芸作品の調達制度に関しては、ノルウェーにも同様の制度がある。ノルウェーでは、新刊図書を公共図書館に配付する仕組みがすでに六〇年以上前につくられており、現在まで継続している。世界でも例を見ない、出版界と図書館界の貴重な連携事例である。

ノルウェーでは、公共図書館が書籍の公正な配付を果たす機関であるという前提のもと制度が運用されており、文芸作品の調達制度が少数話者言語であるノルウェー語・ノルウェー文化の保護に寄与していると認められている。もちろん、ラトヴィアの書籍調達プロジェクトは、ノルウェーの文芸作品の調達制度と理念を共有している［和文参考文献14］。

コ・ラ・ム

世界各地に離散したラトヴィア人

２度にわたるロシア・ソ連の占領を経て、さまざまな理由でラトヴィアを離れなければならなかったラトヴィア人は、現在、世界各国に37万人以上いるとされている。このようなラトヴィア・ディアスポラ（Latvijas diaspora）は、「ラトヴィア国民、ラトヴィア人およびラトヴィアと関係のあるそのほかの人で、ラトヴィア国外に永住する人、およびその家族」と定義されており、「ラトヴィア離散民」と呼ばれることもある。イギリス、アメリカ、カナダ、アイルランド、スウェーデン、オーストラリア、ロシア、ブラジル、ドイツ、ベルギー、イスラエル、ノルウェー、スペインなどでは、ラトヴィア・ディアスポラの人びとによる大きなコミュニティーが形成されている。

ディアスポラの利益を確保するために活動している人びとの団体は「ディアスポラ組織」と呼ばれているが、その最大組織が「世界自由ラトヴィア人協会（Pasaules Brīvo latviešu apvienībā: PBLA）」である。ラトヴィア・ディアスポラによるコミュニティーでは、新聞、雑誌、オンライン出版物、ポータルサイトなどを通してラトヴィア文化を共有・継承している。

ディアスポラにかかわる事項を定めた「ディアスポラ法」の目的のなかには、ラトヴィアの言語と文化の保存が含まれている。また、第11条に「ラトヴィアのアイデンティティとラトヴィアへの帰属の強化、ラトヴィア語の保存、ラトヴィア文化の研究と保存」として、ディアスポラの子どもたちを対象とした非公式の教育、ラトヴィア語や無形文化遺産の保存、保護、啓発活動、ディアスポラコミュニティーにおける文化、芸術、音楽へのアクセス、歌と踊りの祭典の伝統の保存と維持、そしてディアスポラの歴史と文化遺産の特定と保存などが列挙されている［欧文参考資料４］。

ラトヴィア図書の刊行五〇〇周年を祝う

　ところで、ラトヴィア語による最古の印刷図書は、宗教改革時代の一五二五年に刊行されたものである。二〇二五年は、それから五〇〇年という節目の年となる。新国立図書館では、二〇二一年から二〇二五年までを「ラトヴィア図書五〇〇周年」とし、文化省の援助を受けて記念イベントの開催を決定した。五年という期間中に、記念展覧会、出版事業、講演、会議、コンサートなどが実施される予定となっている。

　残念ながら、最古の印刷図書は残っておらず、現存するもっとも古い図書は、一五八五年に印刷された「カトリック教理問答集」である。アンドリス・ヴィルクス（Andris Vilks）ラトヴィア新国立図書館館長は、「一五二五年にラトヴィア語で本が印刷されていなかったら、ラトヴィアの人びとの運命や国家への道程がどうなっていたか、想像することさえ困難です」と、最古となる印刷図書の存在意義を語っている［欧文参考資料13］。

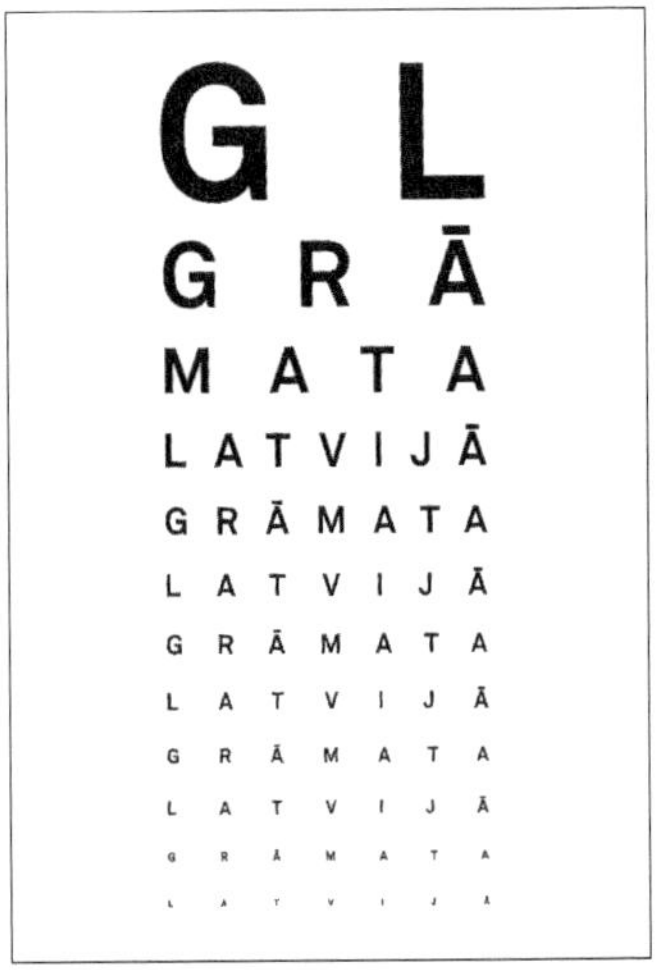

「ラトヴィア図書500周年（Latviešu grāmatai 500）」常設展示会の案内カード

「ラトヴィア図書五〇〇周年」の公式サイト［欧文参考資料48］では、「ラトヴィア語、リビア語、ラトガリア語[3]は、今までも、そしてこれからもラトヴィアにおける基本的な価値であり、アイデンティティの基盤であり続けるだろう」と説明している。

そして、五〇〇年にわたってラトヴィア語による図書の刊行が社会に深く根を下ろし普及していったこと、図書がラトヴィア社会の過去と未来の可能性について考える機会となったこと、ラトヴィア語話者は、ほかの民族のなかにおいて自分たちのアイデンティティをラトヴィア語の書き言葉によって認識してきたこと、などが紹介されている［欧文参考資料13］。

3　ラトヴィアの人びとの読書風景

人口一八九万人のラトヴィアで五万部以上が売れたベストセラー

人口約一八九万人のラトヴィアにおいて、五万部以上売れたことで話題となった図書がある。

（3）リビア語は、ラトヴィアに居住するバルト海フィン系民族によって話されている言語。ラトガリア語は、インド・ヨーロッパ語族の東バルト語派の言語で、ラトヴィア国内には約一六万五〇〇〇人の話者がいる。

それは『母乳（Mātes piens）』（邦訳：黒沢歩訳『ソビエト・ミルク――ラトヴィア母娘の記憶』新評論、二〇一九年）で、著者は一九六九年生まれのノラ・イクステナ（Nora Ikstena）である。イクステナは、「ラトヴィア文学センター（Latvijas Literatūras centrs）」の創設者の一人であり、「国家文化評議会（Nacionālās kultūras padome）」の議長を務めたこともある。

二〇一五年に発表されたこの小説は、自伝的要素の強い作品で、ソ連占領時代における家族の三代にわたる女性の運命について重層的に語られた小説で、国内で大きな反響を呼んだだけにとどまらず、日本も含めて一〇か国以上の国で翻訳されている。

このような純文学のベストセラー現象には、いったいどのような背景があるのだろうか。ここでは、ラトヴィアの読書事情にかかわる資料に依拠しながら、ラトヴィアの人びとの読書について考えていきたい。この作業によって、「世界一」

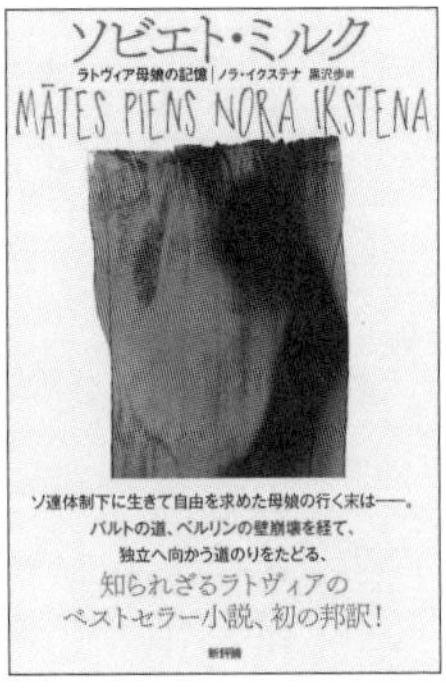

書架に並ぶノラ・イクステナの図書と、邦訳された『ソビエト・ミルク』

と言ってもよいほどラトヴィアに公共図書館が多い理由の一端が分かるかもしれない。

ラトヴィアの読書史

現在、私の手元には、ラトヴィア新国立図書館で訪問調査を行った際にいただいた『読書パンデミック――ラトヴィアにおける読書の歴史に関するエッセイ』という図書がある〔欧文参考文献22〕。

ラトヴィアの読書史を綴ったこの本によると、一八三〇年代まで、農家の小さな本棚には同じ種類の本しかなかったという。聖書、聖歌集、説教集、そしてカレンダーである。その後、出版マーケットが成長し、一八三〇年から一八五〇年代に人びとの旺盛な読書欲求にこたえるべく、出版物の幅が広がっていった。宗教関係の本とフィクションの間に位置する「実用書」というジャンルが開拓されたのもこの時代である。

その後、フィクションの人気の高まりにつれて小説の質に関する議論が高まり、娯楽的な本に対する批判が呈されるようになる。しかし、内容が

『読書パンデミック』の書影

どうであれ、読書家が大量に生まれたのは出版物の拡大によるものであったと言える。そして、一般庶民に読書が定着したということを意味している［欧文参考文献22、91～93ページ］。

ラトヴィアの読書習慣

ラトヴィアにおいて、読書は人びとの生活にどのように位置づけられているのだろうか。ラトヴィア書籍出版社協会が二〇一八年にまとめた報告書「ラトヴィア国民の読書習慣に関する調査」を通して、その様子を少し探ってみたい［欧文参考文献9］。

この報告書は、一五歳から七四歳までのラトヴィア居住者を対象として、一〇〇〇人余りに対する質問紙調査と二〇名への聞き取り調査によってラトヴィア人の読書習慣を明らかにしたものである。質問紙調査では、読書の頻度、好きな本の種類や内容、その入手方法、読まれた本の言語などといったデータが集められた。一方、聞き取り調査では読書習慣の形成に焦点が当てられた。

インタビューから明らかになったのは、熱心に本を読むのは女性、一五歳から二四歳までの年齢層、首都リーガに住んでいる人びと、高等教育を受けている人びとである。逆に、あまり本を読まない「非読者」は男性、五一歳から六五歳の年齢層、農村部の住民、高等教育を受けていない人びと、失業者、低所得者となっていた。

本の入手先としては、多い順に、書店での購入（四九パーセント）、家族や友人から借りる（四三パーセント）、図書館での貸借（三五パーセント）のほか、自分が持っている本を読む（四一パーセント）、電子書籍の購入（一三パーセント）であった。ちなみに、日本の場合、調査対象者数は異なるが、書店での購入が約七〇パーセント、図書館から借りるが約三〇パーセント、周囲の人に借りるが約一〇パーセントとなっている［和文参考文献5、104ページ］。

本の入手経路でもっとも多いのが書店での購入だが、購入しなくても、新刊書をチェックするために書店を訪れる人が多いことも調査から明らかになっている。また、古書店やリサイクルスペースで本を調達する人もいる。さらに、回答者の三分の一がオンライン書店を利用しているが、書店では購入できない本やラトヴィア語以外の本を購入する場合によく利用されているようだ。一般的に、高所得者は書店での購入が多く、低所得者は図書館で借りるケースが多いという傾向が見られた。

ここで興味深いのは、本の入手先に「自分の持っている本を読む」という項目があり、それを選んだ回答者が四一パーセントもいたことである。この回答には、ラトヴィアにおける読書材の調達にかかわる歴史的な背景が深くかかわっている。というのも、一九九一年の独立時に読書年齢に達していたラトヴィア人は、ラトヴィア語の本が自由に読めない時代を経験しているからである。

占領時代には、出版物はすべて検閲を受け、ラトヴィア語の本の入手はきわめて困難な状況であった。ラトヴィア語の本を持っていただけで罪に問われるということもあった。それに当時は、共産主義のプロパガンダとなる図書が図書館コレクションの圧倒的多数を占めていた。

こうした状況下において、唯一検閲を免れた本があった。それが、各家庭にある個人蔵書である。ほとんどの住民はきわめてかぎられた居住スペースでの生活を余儀なくされていたが、三分の一以上の住民が、少なくとも五〇〇冊以上の蔵書を持っていたとされている［欧文参考文献22、153ページ］。

このことを裏づけるような話を実際に聞くことができた。

視察時に知り合った人に、「自宅にどれぐらい図書を持っていますか？」と尋ねたところ、若い世代の人に関していえば、それぞれ違いがあった。ある人は「ほとんど持っていません」と答え、ある人は「たくさんの図書が家にあります」と答えてくれた。しかし、みんな口をそろえて、「両親や祖父母の家には本がたくさんあります」と言っていたのだ。

なぜ、高齢の人びとは図書を手元に置いているのだろうか。それは、ラトヴィアが長期にわたってソ連に占領され、母語であるラトヴィア語の本が入手困難な状態に置かれていたことを反映している。こうした苦難の時代を経験した人びとは、入手した本を手放すことは決してないという。つまり、独立後三〇年以上が経過した現在でも、ラトヴィア語の本の入手が困難であった時期を体験した人は、一度入手した本を手放すことがないということだ。

紙の本vs電子書籍

二一世紀に入って、読書の方法において複数の選択肢が現れた。紙の図書と電子書籍に加えて、最近はオーディオブックという選択肢も加わっている。

ラトヴィア滞在中に出会った何人かの図書館関係者に、紙の本と電子書籍のどちらを好むかと尋ねてみた。すると、「仕事関係の本は電子書籍で読み、楽しみのための読書は紙の本で」というのが共通した答えであった。私自身、自分の読書形態を振り返ると同じ回答が出てくる。電子書籍を読む人の割合は確実に増えているが、若い世代であっても、紙の図書を愛好している人が確実に存在しているのだ。

もちろん、ラトヴィアにも本をまったく読まない人が一定割合存在している。こうした人びとについて、ある図書館関係者が次のように表現してくれた。

「ラトヴィアでは、本を読む人もいれば、本を読まない人もいます。ただ、どちらであっても、『本を読むという営み』は守られるべきであるという考えに変わりはありません。それは森のようなもので、守らなければならないのです」

「森」という比喩がとてもラトヴィアらしく、今でもずっと耳に残っている。

本を無料で入手するスペース

ここまで、ラトヴィアにおける本の入手経路として、書店購入、知人から借りる、図書館での貸借、自分の蔵書などを取り上げてきたが、次は、入手経路の「その他」というカテゴリーに入ると思われることについて説明しよう。それは、読み終わった本を、無料で別の本と交換できるスポットである。

家庭にかかわるさまざまな問題を扱う企業「パパ・ママのために（Mammām un tētiem）」は、オフィス内に本の交換スポットをつくった。この交換スポットでは、月曜日・火曜日・水曜日に本の交換が可能となっている。

この会社では、読み終わった本を職員同士で共有するという仕組みが以前からあったが、「社会統合基金」からの助成金を使って、それを開かれた「本交換スポット」へと拡大することになったという。新スペースの設置にあたって、出版社や作家から本が寄贈されている。

二〇二二年九月現在、交換スポットには七〇〇冊以上の本があるそうだ。ほとんどはラトヴィア語のものであるが、ロシア語と英語の本も置かれている。基本的には、自由な持ち込みと持ち出しを原則としているが、教科書や時代遅れの本は持ち込まないようにお願いしているようだ。なお、交換スポットから持ち出された本は返却する必要はない。

図書館も、定期的に図書交換イベントを開催している。たとえば、二〇二二年四月、リーガ中央図書館（Rīgas Centrālā Bibliotēka）では、時限的に図書交換スポットをリーガ市内にオープンした。読み終えて不要になった図書を持っていけば、無料でそこにある別の図書と交換できるというものだ。

不定期で準備される「図書の交換ポイント」として有名なのは、毎年一一月に開催される「リーガ・ブックフェスティバル（Rīgas Grāmatu svētki）」である。この催し物の主催はラトヴィア書籍出版社協会で、二〇二三年で二三回目を迎えている。イベントの参加者は、出版社、作家、アーティスト、一般読者で、毎年、国立図書館で開催されてきたものである。イベントへの入場は無料で、著名な出版社の本が安く購入できるほか、交換スポットでは、持参した本を別の本と交換することになる。

リーガ・ブックフェスティバル以外にも、リーガ中央図書館の主催で、市のさまざまなイベントにおいて図書交換スポットが設営されている。また、チエクルカルンス分館（Čiekurkalna filiālbibliotēka）には、常設となっている図書交換スペースがある（二三三ページ参照）。ここは、図書だけでなく玩具の交換スポットにもなっている。

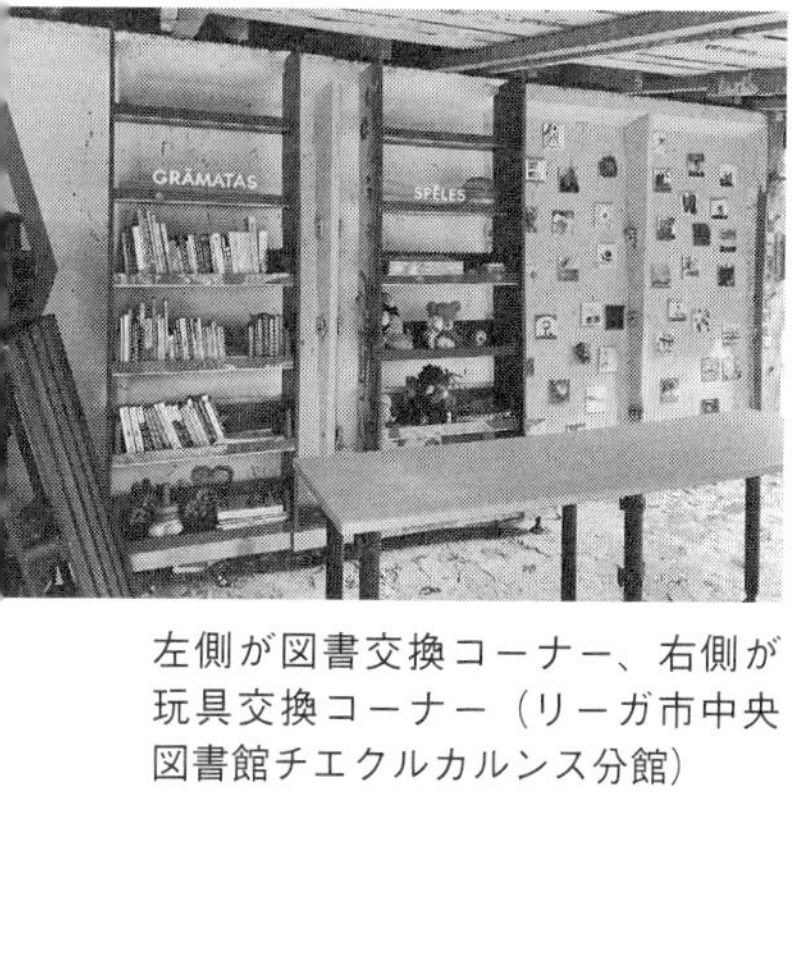

左側が図書交換コーナー、右側が玩具交換コーナー（リーガ市中央図書館チエクルカルンス分館）

さらに、リーガ市内にある「青少年リソースセンター」にも図書交換スポットが設置されている。青少年リソースセンターとは、メンタルヘルスにリスクや困難を抱えた若者を支援するために設けられた施設で、ラトヴィア全土に九か所ある。ここには、臨床心理士、児童精神科医、ソーシャルワーカー、理学療法士などの専門家が勤務している。

二〇二三年秋に設置された図書交換スポットは、センターのプログラムに参加しなくても利用することができる。原則として、誰かに読んでほしい本を持参し、その本を書架に置いてくると同時に、自分の読みたい本を一冊持ち帰るという仕組みになっている。今後、ほかの場所にも図書交換スポットを設置する計画があるということだった。

パンデミック一年目の読書習慣

ラトヴィアの読書事情について歴史的な事情も含めて見てきたわけだが、新型コロナウイルスによるパンデミックによって、読書にはどのような変化があったのだろうか。ラトヴィア新国立図書館では、新型コロナウイルス感染症を封じ込めるためにもっとも厳しい規制が行われていた二〇二〇年五月一二日から三一日までの読書調査を実施し、その結果をウェブサイトで報告している［欧文参考資料62］。

この調査には、ラトヴィア全土から一三六四人が回答者として参加した。二〇一八年の「ラトヴィアの読書習慣に関する調査」とは異なり、ソーシャルネットワークを通じて実施されたこともあり、高等教育を受け、経済的にも余裕があり、読書を習慣としている女性が回答者の大多数を占めていた。

調査内容を見ると、読書活動はわずかに減少していたものの、読書対象となるジャンルにはあまり変化がなく、文学作品が九割を占めていた。また、読書形態にも変化はなかった。オーディオブックに対する関心は高まったが、実際には九割以上が紙の図書を読んでいた。

新国立図書館は調査結果を分析し、緊急事態宣言下でも回答者の読書習慣は維持されていた、と結論づけた。自由記述回答では、「すでに読書習慣が根づいているため、緊急事態中であってもとくに変わったことはなかった」といった意見がある一方で、むしろ「読書熱が高まった」というコメントが見られた。また、自由時間の増加によって読書時間が確保できることへの喜びの声もたくさん寄せられていた。

さらに、自宅での仕事の合間に読書をしたり、朝や夜に読書時間を増やした人も多かったし、ようやく読書時間の確保ができたと感じている人もいた。そして、「これまではまとまった時間が取れなかったが、連続して読書時間が取れるようになったことで、読み終える速度がかつてないほど上がった」と振り返る人がいたり、「図書館の電子書籍の貸出最大数まで借り、読書をしている」と報告した人もいた。

一方、「読書ができなくなった」と回答した人もいた。「読書を趣味としていたが、緊急事態のなかで落ち着いて読書を楽しむことができなかった」とか「自由時間がたくさんあったにもかかわらず、疲労感や不安感で読書に打ち込めなかった」というのがその理由である。

また、デジタルメディアの利用時間が増えたことによって「読書時間が奪われた」と感じていた人もいた。さらに、仕事でインターネットやオンライン作業などに忙殺され、読書時間を取ることができなかったというケースもある。

読書が増えた人、減った人がいたわけだが、回答者は総じて読書に対して前向きに取り組み、読書冊数も増えていた。読書内容に関しては、「普段読めなかったようなボリュームのある図書を読んだ」と言う回答者と、逆にミステリーや恋愛小説など、「軽めの図書を選んで現実逃避をした」と答える回答者に分かれた。

回答者のなかでとりわけ話題となっていた図書が二作品あった。一つは、女性のセクシュアリティの問題を大胆に扱う作風で知られる、作家で政治家のダッツェ・ルクシャーネ＝シュチプチンスカ（Dace Rukšāne-Ščipčinska）による『ロシア人の肌（*Krieva āda*）』。もう一作は、カタルーニャ語作家であるジャウメ・カブレ（Jaume Cabré）の『私は告白する（*Es atzīstos*）』のラトヴィア語版である。ちなみに、この本は八〇〇ページを超える大作である。両作品とも、物語性がきわめて高く、想像力の豊かな表現は、読者を日常生活から脱出させて新型コロナウイルスによる緊張感を軽減したと分析されている。

新しい読書体験をする人の増加

調査を見ると、「はじめてFacebookの動画で俳優の朗読を聴いた」とか「オーディオブックを試してみた」など、新たな読書体験に関する報告もあった。紙の図書に加えて、電子書籍やオーディオブックによる読書経験をした人が増えたというのは、おそらく世界中において共通する傾向であろう。

調査では、ニュースの視聴についても質問をしている。ニュースの入手先はインターネットがもっとも多く、ついでテレビ、SNS、ラジオ、紙のメディアとなっていた。デジタル情報へのアクセス時間が増加した時期、「紙媒体の図書を読むことでデジタルメディアによる疲労が解消される」と答えた人もいた。

いずれにせよ、誰しもが「通常の読書」に戻りたいと願っていることは明らかで、図書館の閉鎖が人びとの読書に大きなダメージを与えたことが調査から浮かびあがった。回答者は、「公共図書館が自由に利用できれば、まちがいなくもっと読書する」、「図書館にアクセスできなかったことは残念」、「図書館の開館を待っている」といったメッセージを通して、日常生活から図書館に通う機会が奪われたことの失望感を表現していた。

二年目に入ったパンデミックと読書生活

ラトヴィア新国立図書館は、一年後のほぼ同時期に追跡調査を実施している。調査期間は二〇二一年三月一二日から五月一二日までで、一〇七二名の回答者が調査に参加した。二〇二〇年の春から二〇二一年にラトヴィアの人びとが経験したことは、在宅勤務、外出時のソーシャルディスタンスの維持、文化施設やイベントへのアクセス制限など、日本と同じである。二回目の回答者も、前回と同様、高等教育を受けて、経済的に余裕がある女性が多かった〔欧文参考資料2〕。

パンデミックがはじまる前後の読書量に関する質問では、半数以上が「変化なし」と答えている。約三〇パーセントの人は読書量が「増えた」と答え、「減少した」と答えた人は一二・四パーセントであった。電子メディアの増加に伴い、「デジタル疲労を感じる」と答えた人の割合は三〇・八パーセントで、一年前に比べると増えていた。それに対して、「戸外を歩いたり」、「ガーデニングを楽しんだり」、「印刷された本を読んだり」、「ソーシャルネットワークを一時的に遮断する」といった対策を取っていたことが明らかになった。

パンデミック一年目と二年目で図書館を利用した人の割合は、四六・二パーセントから七二・三パーセントへと大きく増加した。増加した背景には、限定的とはいえ、図書館がサービスを継続していたという事実があった。また、書店利用に関していえば、オンライン書店の利用者が微増したのに対して、リアル書店の利用が多くなっている。

読まれたジャンルでは、フィクションが圧倒的に多く、八八・八パーセントの人が「フィクションを読んだ」と回答した。ラトヴィアの古典文学・現代文学のほかにも、イギリス、ドイツ、ロシアの古典文学、そして今や古典となりつつある「ハリー・ポッターシリーズ」のような児童文学が読まれていた。

パンデミックのなかで、文学は二つの意味をもっていた。一つは現実逃避としての読書であり、推理小説作家のダッツェ・ユディナ（Dace Judina）の著作に人気が集まる現象に反映している。もう一つは、歴史的事件を扱った本、たとえばスヴェトラーナ・アレクシエーヴィッチ（Светлана Алексиевич）[4]の『チェルノブイリ（*Černobiļa*）』などを読むことで、パンデミックを相対的に捉えようとする読書であった。

二〇二一年に人気があったのは、劇作家アンドラ・カルンオゾラ（Andra Kalnozola）の『カレンダーが私を呼んでいる（*Kalendārs mani sauc*）』であった。この作品は、若い男性が地元に住む牧師に宛てた手紙で構成されており、全体が詩的な表現に満ちているほか、プロットの構成が巧みであることからたくさんの読者を得ている。

（4）スヴェトラーナ・アレクセイビッチはベラルーシの作家、ジャーナリスト。二〇一五年にノーベル文学賞受賞。

パンデミック後の大きな変化として挙げられたのは、プロの俳優たちが朗読サービスを開始したことを受けて、「音読を聴く習慣がついた」と答えた人が増えたことである。読書にかかわるデジタルメディアの経験として、「オンライン上の読書会や作家とのミーティングを楽しんだ」という回答がある一方で、インターネット上でのフェイクニュースの氾濫やデジタルライブラリーで発生するトラブルを訴える人もいた。

北欧文学週間——黄昏に読書を楽しむ

本章では、ラトヴィアの出版や読書環境についていろいろな角度から見てきたが、最後は、北欧・バルト諸国が本を通じて絆を深める「北欧文学週間」で締めくくる。

暗い時間が長くなる冬、図書館が明るい照明をつけて開館しているのを見ると心が温かくなる。朝九時になっても明るくならず、午後二時を過ぎると暗くなりはじめる北欧・バルト諸国では、図書館が光を放って存在しているだけで救われるような気持ちがする。そんな季節に、図書館は住民に特別なプレゼントを提供している。それが、日曜日の午後に行われる特別開館である。

ヨーロッパでは、基本的に日曜日は平日に比べると活動がトーンダウンする。お店もほとんど閉まっているし、図書館も休館している。だが、一〇月から三月まで、日が短くなり、暗い時間が多くなる時期に日曜日の開館がはじまる。一〇月といえば、日本ではまだ暖かくて快適なシーズンだが、北欧では初雪が降り、長くて暗い冬のトンネルに入るという季節である。

北欧・バルト諸国の人びとが黄昏を楽しむ天才であることは、ありとあらゆる種類のカラフルなキャンドルで埋め尽くされたスーパーマーケットの売り場のサイズを見ればすぐに分かる。暗さを楽しむのは冬だけではない。季節を問わず、夕方になって少し暗くなるとまずその暗さを楽しんでいる。暗さが迫ってきても電灯をつけず、キャンドルに火を灯す。そして、真っ暗になってからやっと電灯をつけるが、その電灯でさえ、日本の感覚からするとかなり暗い。図書館にしても、煌々と蛍光灯をつけているところは少ないようだ。

そんな暗さを楽しむのに一番適した季節に「北欧文学週間」が開かれる。一九九五年にはじまったこのイベントは、すでに開始から二五年以上が経過しており、毎年一六万人以上が参加している。開始直後は「北欧図書館週間」という名称の大人向けのイベントであったが、その後「北欧文学週間」と名称を変更し、子どもも参加するようになり、今では学校や保育園でもこのイベントが行われている。

図書館内のスポット照明（リーガ中央図書館本館）

二〇二三年の読書週間は一一月一三日から一九日までで、テーマとして「北欧のクリスマス」が選ばれた。イベントのために、子どもと若者向けの本、そして大人向けの本が一冊ずつ選ばれ、読書週間の初日の一一月一三日には、前者は朝九時に、後者は夜七時にそれぞれの朗読が行われた。

二〇二三年に児童向けに選ばれたのは、スウェーデンの児童作家アストリッド・アンナ・エミリア・リンドグレーン（Astrid Anna Emilia Lindgren, 1907～2002）の『エミール・ロンネバルヤの新しい家（*Nya hyss av Emil I Lönneberga*）』（邦訳：尾崎義訳『エミールとねずみとり』講談社、一九八二年）で、大人向けに選ばれたのはノルウェーの作家イングヴィルド・ヘデマン・リスホイ（Ingvild Hedemann Rishøi, 1978～2014）の『スターゲイト――クリスマスの物語（*Stargate: En Julberättelse*）』であった。

スカンジナビア・バルト地域からは、アイスランド、オーランド諸島、エストニア、グリーンランド、スウェーデン、デンマーク、ノルウェー、フィンランド、フェロー諸島、ラトヴィア、リトアニア、これら以外には、イギリス、ウクライナ、ドイツ、ベラルーシ、ベルギーの各国が参加している。このイベントには、北欧の文学を共有するという目的もある。少数話者言語である北欧各地域の言語を守り育てていくという目標で、北欧中の読者がこの日に「文学の絆」でしっかりと結ばれるのだ［欧文参考資料46］。

第2章

ラトヴィアの公共図書館

——二度の占領を乗り越える

人びとの本棚（ラトヴィア新国立図書館）

現在のラトヴィア公共図書館の中核的価値は、図書を中心とした信頼性が高い情報をすべての住民に提供し、民主主義国家の文化的土台となることに置かれている。しかしながら、わずか三〇年余り前までラトヴィアの公共図書館はソ連の占領下で、共産主義のイデオロギーを浸透させる装置として機能していた。本章では、まず現在のラトヴィアの公共図書館の概要を示したうえで、歴史に翻弄されたラトヴィアの公共図書館が今日に至る発展を遂げるまでの道のりを追っていくことにする。

ラトヴィアは、超大国ソ連による占領期、どのようにして自国文化を守って継承してきたのだろうか。公共図書館は、そこにどのようにかかわっていたのだろうか。公共図書館の発展史は、言語文化と共同体の記憶の継承を目的とする図書館の本質を浮かびあがらせている。

1 ラトヴィアの公共図書館の概要

二〇世紀以降、ロシアとソ連に二度にわたって占領されたラトヴィアにおいて、ラトヴィア語とラトヴィア文化を保存・継承するための図書館政策はたびたび分断された。ラトヴィア図書館史は、占領による分断の歴史でもある。占領下の公共図書館はソ連のプロパガンダ機関であり、図書館資料は、ソ連政府の思想の浸透を目的として収集、提供された。

そして、独立後の公共図書館は一転して、抑圧されてきたラトヴィア語・ラトヴィア文芸の保護と振興のための文化機関となり、海外の慈善団体から援助を得ながら、自国の図書館制度を再構築していった。

図書館の話に入る前に、ラトヴィアの行政区について簡単に説明をしておきたい。二〇二四年現在の行政区は、二〇二〇年六月二三日に施行された「行政区域及び居住区域に関する法」に基づいている。日本の基礎自治体にあたるのは、市（pilsēta）と郡（pagasts）で五九五あり、県（novads）が三六ある。リーガ、ダウガフピルス（Daugavpils）、イェルガヴァ（Jelgava）、ユールマラ、リエパーヤ（Liepāja）、レーゼクネ（Rēzekne）、ヴェンツピルス（Ventspils）の七市は独立した行政区域の地位をもつ「直轄市（lielpilsētas）」となっている。

二〇二二年現在、公共図書館の数は七四八館［欧文参考文献13、6ページ］で、ラトヴィアの総人口は約一八九万人であるから、約二五〇〇人に当たり一館となる。小規模な図書館が含まれているとはいえ、図書館設置密度がきわめて高い国である[(1)]。

表2－1として、二〇二二年度のラトヴィア図書館の基礎データをまとめてみた。

（1）図書館大国として知られるフィンランドの公共図書館数は約七六〇〇人に一館で、日本は約三万六〇〇〇人に一館の割合となっている。

表２－１　2022年のラトヴィア図書館数

館種	館数
国立図書館	１館
高等教育機関（大学・カレッジ）図書館	49館
専門図書館	21館
自治体公共図書館（視覚障害者図書館８館を含む）	748館
学校図書館	623館

出典：［欧文参考文献13、７ページ］。

自治体の公共図書館のうち、「図書館法（Bibliotēku likums）」に基づき、国家的な図書館活動を推進する「国家認定図書館（valsts nozīmes bibliotēka）」が七館、地域の図書館活動推進の中核的役割を果たすことが求められる「地方主要図書館（reģionā galvenā bibliotēka）」が二八館存在する。地方主要図書館は、行政区域内のすべての図書館に対して、助言あるいは実践面での支援を提供するという役割を担っている［欧文参考資料12］。

図書館以外の生涯学習施設としては、日本の公民館に当たる「文化の家（kultūras nams）」や「文化センター／文化・レクリエーションセンター（kultūras centrs/Kultūras un atpūtas centrs）」があり、演劇公演をはじめとして、交響楽のコンサート、合唱音楽のコンサート、室内楽のコンサート、ダンスの夕べ、会議、セミナー、映画上映、美術展、展覧会などが開催されている。二〇二二年現在、ラトヴィア国内の文化センター数は五六〇館であり、首都リーガには一〇館ある［欧文参考資料25］。

2 ラトヴィアの図書館法

ラトヴィア公共図書館活動の法的基盤となる、一九九八年に制定された図書館法を見ながら図書館の役割を確認していこう〔欧文参考資料11〕。

同法は、図書館の機能、運営の法的根拠と原則、国立図書館の設置、法的位置づけ、図書館の認証、図書館の義務権利、資金調達、インフラストラクチャー、国立図書館のコレクションと目録、図書館利用に関する規定、利用者の権利と義務、職員、ラトヴィア図書館評議会（Latvijas Bibliotēku padome）、州・地方自治体図書館の義務、そして国際協力に関して定めたものである。

図書館法の対象となるのは、国家予算と地方自治体予算によって運営される図書館および登録された私設図書館（privātās bibliotēkas）である。

第三条に定められた図書館の機能は、①文化遺産の収集、組織化、保存、②図書館コレクションとサービス提供に関する一般市民に対するアクセスと利用保障、とされている。第五条では、図書館の原則として、コレクションの中立性と図書館利用の無償化が明記されている。そして第九条では、図書館の認定制度が示されている。この認定制度は、国立図書館および地方自治体図書館に適用されている。また第九条には、認定に必要な内規、コレクション、予算、施設、職員、利用者などにかかわる条件が明記されている。

第一五条第一項には、図書館の義務として、法律の遵守、コレクションの管理、図書館職員の研修、目録作成、図書館間相互貸借システムへの参加、情報技術の導入などが掲げられているほか、すべての利用者が平等にサービスを享受できること、並びに障害者サービスに言及している。また、同条二項は、国・地方自治体図書館の義務、無料のコンピュータ利用を保障すること、児童・若者への読書振興や情報リテラシーの向上に関する図書館の義務について言及している。

第一六条に書かれている図書館の権利には、内規に基づく課金サービス、資料にかかわる補償金、延滞料の徴収が定められている。第一七条は図書館の資金調達についての項目であり、国家予算、地方自治体予算、独自収入、寄付、海外からの支援など図書館の財源が示されている。そして、第二一条は図書館利用規則についての条項で、すべての館で図書館サービスの提供方法、利用者の権利と義務について網羅された内規を定め、これを周知することが示されている。

第二三条と第二四条は利用者の権利と義務についての条項であり、第一五条と第一六条の「図書館の義務と権利」と対となる項目が列挙されている。第二五条は図書館職員について定めたもので、図書館長は図書館の業務経験をもつことが条件となっており、図書館の段階に応じて必要な専門教育のレベルが示されている。そして、第二六条には図書館政策を施行する文化省の役割が、第二七条には文化省の諮問機関であるラトヴィア図書館評議会についての規定がある。

「図書館法」の特徴

ラトヴィアの「図書館法」で着目すべき点として、第五条に定められた図書館コレクションについての項目と、第九条に定められた公共図書館の認定についての項目が挙げられる。第五条第一項では、図書館コレクションへのアクセス保障を定めている。そして、第五条第二項では、「コレクション形成に関して、図書館は中立的立場にある。コレクション構成は、政治的、思想的、または宗教的理由に基づく制限を受けない。コレクション形成にかかわる制限は、法律によってのみ制定することができる」として、資料収集・コレクション構築にかかわる図書館の中立性が示されている。

他国では図書館法とは別の文書で定められることが多い図書館コレクションの中立性に関して、ラトヴィアでは図書館法によって定められている点が特徴的である。(2) 長きにわたる占領時代に資料の検閲・制限を受け続け、独立後、ようやく自立的な資料収集の権利を奪還したラトヴィア図書館界において、コレクションの中立性は法律に規定しておくべき中核的な価値となっている。

(2) 図書館のコレクションの中立性について規定した文書として、日本には「図書館の自由に関する宣言」が、アメリカには「図書館の権利宣言（Library Bill of Rights）」がある。

図書館の国家認定制度

ラトヴィア図書館法第九条で規定される図書館の国家認定もまた、ラトヴィア以外の国における図書館法には見られないきわめてユニークな制度である。図書館の国家認定制度は、国家が個々の図書館の質を保障する目的をもっている。認定はラトヴィア図書館評議会の助言をふまえたうえで文化省が実務を司り、図書館認定専門委員会（Bibliotēku akreditācijas ekspertu komisija）によって実施することが定められている。認定に不合格の場合は書類の再提出となり、書類審査によって再度不合格となった場合には、図書館登録から抹消されることが決められている。

認定の条件は、図書館規則、資料の収集と組織化業務、図書館システム、施設、予算、職員、利用者へのアクセス保障などである。図書館の認定は五年ごとに実施されており、認定を受けた図書館は、公式に国家認定図書館、地方主要図書館、地域認定図書館（vietējas nozīmes bibliotēkas）としての位置づけを得ることになる。

スカンジナビア諸国において、ここまで厳格な仕組みをもっている国はない。ラトヴィアの場合は、独立後に図書館を再生するなかで、民主主義国家における生涯学習機関として一定のレベルを維持し、新たに課せられた文化的な役割を果たすことを担保するために認定制度を導入するという必然性があったのだろう。そういえば、リーガ中央図書館の本館にも「図書館認定証明書」が掲げられていた。

3 ラトヴィアの公共図書館の発展

ラトヴィアの公共図書館の歴史を見ていこう。掲載した年表は、公共図書館の歩んだ苦難の道のりを、ロシアおよびソ連との関係を示しながらまとめたものである。

リーガ中央図書館本館に掲げられた図書館認定証明書（Bibliotēkas akreditācijas apliecība）

年表　ラトヴィア社会と図書館の主な出来事

占領期

一七九五年　全土がロシア領になる。
一八四八年　ラトヴィア最初の公共図書館が設立される。
一八七三年　第一回「歌と踊りの祭典」開催。
一九〇六年　リーガ中央図書館設立。

独立期

一九一八年　ソヴィエトからの独立、ラトヴィア共和国成立。
図書館職員のための初のガイドブック『図書館の設立と運営』刊行。
一九一八年から一九三八年頃までラトヴィア固有の民族芸術の繁栄期。
一九二三年　ラトヴィア図書館協会設立。
一九二四年　図書館評議会設立。
一九二五年　図書館数七〇六館（内、六五九館が無料、無償職員による運営）。
一九三〇年　リーガでバルト三国図書館員の会議。
一九三六年　図書館数九一一館（内、七七〇館が無料、六一・九パーセントは蔵書数一〇〇〇冊に満たない小図書館、登録者の平均は一七九人）。
一九三七年　図書館専門誌の創刊。

占領期

一九四〇年　ソヴィエト社会主義共和国連邦による占領（スターリン政権）。
一九四一年　ナチス・ドイツによる占領。
一九四一年から一九四二年までに公共図書館の四分の一の書籍が失われる。
一九四四年　ソヴィエト社会主義共和国連邦による再占領。
一九四四年から一九五四年まで「ラトヴィアソヴィエト社会主義共和国・文学・出版委員会」による検閲。

占領期

一九五三年　スターリン政権からフルシチョフ政権へ移行。「雪解け」の時代。公共図書館数一〇六八館。
一九六八〜一九七九年　公共図書館の中央集権化が進展。
一九八五年　ゴルバチョフソ連共産党書記長に就任。
一九八八年　「ラトヴィア語の地位に関する決議」により、ラトヴィア語がラトヴィアソヴィエト社会主義共和国の国語として認められる。
一九八九年　「ラトヴィアソヴィエト社会主義共和国言語法」成立。八月二三日、バルト三国による独立のための抗議行動「バルトの道」。図書館協会再結成。

独立期

一九九一年　三月、再独立。ソ連解体、ロシア誕生。リーガで五〇年ぶりにバルト図書館会議開催。
一九九二年　「ラトヴィアソヴィエト社会主義共和国言語法」改訂。
一九九三年　ラトヴィア共和国憲法改正。
一九九六年　ソロス・オープン・ソサエティ財団による図書館機械化助成プロジェクト開始。
一九九八年　「図書館法」制定。

独立期

一九九九年　「国家語法」発効。
二〇〇〇年　ビル・アンド・メリンダ・ゲイツ財団によるグローバル図書館プロジェクト「三番目の息子」開始。
　統一図書館情報システム開始。
二〇〇四年　NATO加盟・EU加盟。図書館の国家認定開始。
二〇〇六年　法定納本制度開始・著作権法施行・公共貸与権制度開始。
　文化省が、ビル・アンド・メリンダ・ゲイツ財団からインターネットアクセスと図書館職員教育のための助成およびマイクロソフトからコンピュータソフトウェアの整備のための助成を受ける。
二〇〇八年　ビル・アンド・メリンダ・ゲイツ財団追加助成。
　公共図書館数八七〇館になる。
　金融危機。
二〇〇九年　「三番目の息子」プロジェクトにより、公共図書館に四〇〇〇台のコンピュータ設置。
　二〇〇九年から二〇一〇年、経済状況悪化、図書館予算四〇パーセント減。
二〇一二年　二月一八日、ロシア語の第二公用語化を問う国民投票、反対七五パーセントで否決。
二〇一四年　ラトヴィア新国立図書館（通称：光の城）完成。人びとの手渡しで図書を運び入れる。
二〇二〇年　新型コロナによる国家緊急事態宣言に伴う図書館の閉鎖（三月一二日から六月九日）、

独立期

二〇二一年　第二回目の緊急事態宣言に伴う図書館の閉鎖（一一月九日から二〇二二年二月七日）。
二〇二二年　三度目の図書館閉鎖指令（一〇月二一日から一一月一五日）。
二〇二三年　四月一日、すべての図書館サービスが復旧。公共図書館数七六三館になる。
歌と踊りの祭典一五〇周年を迎える。
ラトヴィア図書館協会一〇〇周年を迎える。
二〇二四年　ラトヴィア新国立図書館創設一〇周年。

出典：［欧文参考文献16］［欧文参考文献1］［欧文参考文献2］などより筆者作成。

第二次世界大戦後のラトヴィア公共図書館史を、一九九一年の独立前後の二期に分けて少し詳しく概観していこう。

ラトヴィア初の公立図書館は、一八四八年にクリシュヤーニス・ヴァルデマールス（Krišjānis Valdemārs, 1825～1891）の主導でエードレ（Ēdole）に誕生した。ヴァルデマールスは、地元の教会に公共図書館を設立するために募金活動を行い、集めた募金によって約二〇〇冊の図書が購入され、ラトヴィア初の公共図書館が誕生した。その後、一九世紀後半までには今日のラトヴィア領土のほとんど全域に公共図書館が開設され、ラトヴィア人の国家的自覚が形成される重要な社会的および文化的中心地となっていった［欧文参考文献20、68ページ］。

ラトヴィアソヴィエト社会主義共和国時代(3)

前述したように、一九四四年にラトヴィアはソヴィエト社会主義共和国連邦によって再占領され、ラトヴィアソヴィエト社会主義共和国（Latvijas Sociālistiskā Padomju Republika: LSPR）となった。ソ連占領時代の図書館は運営方針に関する権限を完全に失い、すべてのサービスは共産主義のプロパガンダのために捧げられた。

ソ連の支配下に置かれた図書館では、ラトヴィア独立期（一九一八年から一九四〇年）に専門職として勤務していた司書が解雇される一方で、ソ連政府に忠誠的であり、専門職スキルをもたない職員が採用されたという。

当時の公共図書館はソ連政府のイデオロギーを体現化した文献であふれかえり、国家が什器を独占的に製造するようなったことを受けて、館内の様子は質素・単調なものになっていった。図書館では、少しでも魅力的に見せるために歴史的な内装を保全し、第二次世界大戦前の目録を維持することで、占領下におけるラトヴィア公共図書館の文化的劣化を多少なりとも止めようと努めた。

図書館界の強い要請にもかかわらず、ソ連時代に建設された図書館はたった一館、「ラトヴィアソヴィエト社会主義共和国科学アカデミー図書館」の保存書庫にとどまった。

検閲の激化

一九四四年から一九五四年までは「ラトヴィアソヴィエト社会主義共和国主要文学委員会(LPSR Galvenā literatūras pārvalde)」による厳しい検閲が行われた。九つの禁書リストが作成され、ソ連政府の社会主義イデオロギーに一致しないラトヴィア語の資料は特殊コレクションとして一部だけ保存され、残りは図書館から除籍された。

この時期、図書館の主たる収集図書は、ソ連関係の著作物とソヴィエト文学となっている。コレクションは「ラトヴィアソヴィエト社会主義共和国図書配給センター(Latvijas PSR bibliotēku kolektors)」から調達され、プロパガンダ資料は無制限に入手が許された。

一九五三年にヨシフ・スターリン(Иосиф Сталин, 1878~1953)からニキータ・フルシチョフ(Никита Хрущёв, 1894~1971)に政権が交代し、「雪解け」と呼ばれる言論の自由が徐々に進行し、政権に抵触しないラトヴィア文学が刊行されるようになった。一九六八年から一九七九年にかけては公共図書館におけるサービスの集中化が進行し、資料収集、レファレンスサービス、

(3) この項は、[欧文参考文献7、163~165ページ][欧文参考文献22、152~153ページ][欧文参考文献24、234~236ページ]を中心にまとめた。

職員研修、運営を三二館の中央図書館が担い、分館は利用者の読書にかかわるサービスを専門とする施設となった。

一九八五年にミハイル・ゴルバチョフ（Михаил Горбачёв, 1931〜2022）がソ連共産党書記長に就任し、「ペレストロイカ（改革）」、「グラスノスチ（情報公開）」を中心とした改革路線を打ち出した。これに伴って言論の自由が保障され、禁じられていた作家の作品が文学雑誌に掲載されるようになった。

その後、一九八八年から一九八九年にかけて、それまで特殊コレクションとしてソ連政府から抑圧されていた文学が解禁された。一九八八年時点で「ラトヴィアソヴィエト社会主義共和国国家大衆図書館（Latvijas PSR Valsts masu bibliotēka）」と呼ばれていた公共図書館は一〇六四館あり、文化省が管轄していたが、一九八〇年代後半に検閲が弱まるとともに、図書館は自らの運営方針についての決定権を少しずつ取り戻すようになった。

ラトヴィア語の位置づけの変遷

文学界における変化とともに、ラトヴィア語自体についても一九八〇年代後期から見直しの動きが開始された。一九八八年九月、ラトヴィアソヴィエト社会主義共和国最高会議幹部会は「ラトヴィア語の地位に関する決議」を採択し、ラトヴィア語をラトヴィアソヴィエト社会主義共和国の国語とした。一九八八年一〇月、ラトヴィアソヴィエト社会主義共和国連邦憲法に、ラトヴィア語が国語であるとする条文が付記され、さらに一九八九年五月五日、「ラトヴィアソヴィエト社会主義共和国言語法」が採択された。

同法の採択後、ラトヴィア語の普及に向けた多様な政策が施行されていくことになった。一九八九年に採択された言語法は一九九二年三月三一日に改正され、ラトヴィア語の国家語としての位置づけがさらに強固になった。その後、一九九五年から「言語法」の検討がはじまり、一九九九年に改正言語法である「国家語法」が発効されている［和文参考文献10、35～38ページ］。

民主主義の砦となる図書館をつくる——ラトヴィア共和国の成立後

ラトヴィア共和国が成立してからの図書館についてまとめてみよう［欧文参考文献7、165～166ページ］［欧文参考文献24、237～249ページ］。

一九四〇年から一九九〇年という五〇年にわたるドイツとソ連による占領によってバルト三国の図書館は、被占領国として自国文化にかかわる政策を完全に奪われた状態のまま衰退の一途をたどった。そのため、独立後は、各国固有の言語・文化に立脚した図書館政策によって、占領期に極限まで弱体化した図書館を根本から立て直す必要があった。独立後のラトヴィア図書館界は、ラトヴィアソヴィエト社会主義共和国時代の政策から決別し、ラトヴィア文化とラトヴィア文学を柱とする図書館政策に移行した。

一九九〇年代半ばから、民間の慈善団体がバルト三国の図書館再構築活動に参画した。たとえば、ソロス・オープン・ソサエティ財団が一九九六年に、ビル・アンド・メリンダ・ゲイツ財団による「グローバル図書館プロジェクト」が、二〇〇〇年代からラトヴィア図書館の援助を本格化させた。

ビル・アンド・メリンダ・ゲイツ財団のグローバル図書館プログラムは、ラトヴィアのほかにもリトアニア、ルーマニア、ウクライナ、ポーランド、ブルガリア、モルドバの公共図書館において、インターネットアクセスおよびネットワーク環境を利用する図書館員と利用者教育にかかわる総合的な支援を行う形で図書館の再建を支えている［欧文参考文献3、121～122ページ］。

最初に援助を開始したソロス・オープン・ソサエティ財団は、図書館助成プログラムである「ソロス財団ラトヴィア」を通じて、一九九七年に一五館の公共図書館システム構築に助成し、全国図書館システムの基盤を築いている。ソロス財団ラトヴィアは、ネットワークの構築のみならず、コレクションの構築、専門職員の養成にも助成を行っている。そして、一九九八年に設立された「国家文化資本基金」がソロス財団の援助プロジェクトを引き継いだ。

一九九八年に「図書館法」が制定され、図書館の機能、原則、義務・利用者の権利が再定義された。同法には、図書館の質保証を確保するための方策として、国家認定制度が盛り込まれた。

前述したように、国家による図書館認定は国と地方自治体によって設立された図書館に義務づけられ、二〇〇四年から実施されるようになった。

二〇〇〇年に、ビル・アンド・メリンダ・ゲイツ財団によるグローバル図書館プロジェクト「三番目の息子（Trešais tēva dēls：3td）」(4)によって無線インターネットアクセス環境の整備が本格化し、ラトヴィア国内に居住している人びとに対して、図書館の情報源にアクセスできるようにする「統一図書館情報システム（Valsts vienotā bibliotēku informācijas sistēma）」、通称「光のネットワーク（Gaismas tīkls）」が開始された。

これによって、ラトヴィアの公共図書館は急速に発展することとなった。プロジェクトには、国と地方自治体、マイクロソフト社が共同出資し、ラトヴィアのすべての公共図書館にパソコン、高性能プリンター、無線ＬＡＮが設置された。

また、「三番目の息子」プロジェクトの予算は、図書館員の研修にも出資されている。ラトヴィアの一〇か所に地域研究センターが設置され、公共図書館のすべての図書館員が一四〇時間の研修を受けている。さらに二〇〇六年、ビル・アンド・メリンダ・ゲイツ財団はインターネット

（4）プロジェクト名「三番目の息子」は、三兄弟を主人公とするラトヴィアの民話に登場する、兄弟のなかで一番賢い末の息子にちなんでいる。

アクセスと図書館職員教育のために追加助成を行っている。

二〇〇六年にEUに加盟したラトヴィアには、図書館の貸出数に応じて著作者に補償金の支払いを行う「貸与補償制度（著作権補償制度）」の導入が義務づけられた。また、国の出版物をすべてラトヴィア国立図書館に収める法律となる「義務的複製資料法」［欧文参考資料47］が二〇〇六年に制定されている。

二〇〇八年には、ラトヴィアのストーリーテリングの伝統と無形文化の継承を目的とする図書館プログラムがユネスコのプロジェクトとして開始された。プロジェクトを主導した「ユネスコ・ラトヴィア・ナショナルコミッション」は、ラトヴィアの異文化間および世代間のコミュニケーションとの連帯を深めるために、子どもたちによるトークプログラム「友だちの話」を二〇〇八年に実施した。このプログラムは、「図書館での物語の時間」（二〇〇九年）、「物語図書館」（二〇一二年）といったプロジェクトに引き継がれている。

二〇〇九年から二〇一〇年にかけて経済状況が悪化し、図書館の予算が約四〇パーセント減少したが、二〇一〇年には以下の三つのプロジェクトが開始されている。

・図書館が利用者のもとに

・フォトボイスは家族の絆を強め、コミュニティーを活性化する

──・見て、撮って、発信！

そして二〇一四年、「統一図書館情報システム」計画の中心となるラトヴィア新国立図書館が完成した。

このように、ラトヴィアでは独立後の一九九〇年代半ばから図書館の再建が本格的にはじまった。二〇〇〇年代にビル・アンド・メリンダ・ゲイツ財団が、公共図書館をインターネットアクセスの拠点とするための大規模な援助を行い、合わせて図書館員の教育にも乗り出すことによって図書館の発展が加速化し、独立後の二〇年をかけてようやく図書館サービスのためのインフラが整備された。

二〇一四年のラトヴィア新国立図書館の開館は、ラトヴィア文化を中心とする図書館を再建するための、図書館界挙げての総決算とも言える記念すべき出来事となった。新設された国立図書館は、ラトヴィアの図書館文化を底上げ

下から見上げると存在感が際立つ新国立図書館

するために、全図書館のリーダー的な役割を果たすことになった。他国と比較すると、ラトヴィア新国立図書館は全国の公共図書館ときわめて密接な関係にある。独立後の公共図書館の主要なプロジェクトは、そのほとんどが新国立図書館の主導と言っても過言ではない。

独立後、大急ぎで進められた公共図書館の再建を通じて、図書館は社会で起こりつつある変化を取り入れて発展し、住民が必要とする情報を的確かつ迅速に提供する場所に生まれ変わることができた。大胆な変革を経たラトヴィア図書館界には、変化を恐れない文化が定着したと言える。そして、そうした文化が真価を発揮したのはコロナ禍となった時期であった。世界中の図書館がそうであったように、ラトヴィアの公共図書館もパンデミックによる大きな変化を受け入れながら、アナログサービスからデジタルサービスに大きく舵を切ったのである。

ラトヴィア図書館協会一〇〇周年を祝う

ラトヴィア図書館界を牽引してきたラトヴィア図書館協会は、二〇二三年に一〇〇周年を迎えた。設立時に決められた協会の役割は、図書館法の制定、ラトヴィア図書館評議会の設立、図書館ネットワークの策定と実施、図書館員に対する専門教育制度の確立、教育省における図書館諮問専門委員の選出、そして業界誌の発行であった。

一九三〇年にバルト諸国の図書館員会議が開催され、各国の図書館の発展や協力について議論がなされた。一九三七年には業界雑誌『図書館員（Bibliotekārs）』が発刊され、研究論文や図書館に関する記事、統計情報、推薦図書が掲載されるようになった。しかしながら、同誌の発行はソ連による占領中には刊行が禁止されたほか、協会自体も一九四〇年七月には活動停止に追い込まれた。

その後、長い年月を経て、一九八八年一一月にラトヴィア図書館協会の回復に関する決議が採択され、協会の復活に向けての準備がはじまった。そして、翌年の一九八九年には「国際図書館連盟（International Federation of Library Associations and Instutions: IFLA）」へ加盟し、協会が国際的な活動を開始する条件が整った。

独立後の一九九一年、当初の計画から実に半世紀遅れで「第四回バルト図書館員会議」が開催された。その後、この会議はバルト諸国の図書館連携の中心的な行事として現在まで続いている。そして、一九九七年に「第一回ラトヴィア図書館週間（Latvijas Bibliotēku nedēļa）」がはじまり、一般市民への図書館の浸透に向けて継続開催されるようになった。顕彰制度としては、二〇〇七年に図書館界でもっとも活躍した図書館員を選ぶ「年間最優秀図書館員（Gada bibliotekārs）」がはじまっている。

その後、二〇一六年四月、「第一回ラトヴィア図書館フェスティバル」がラトヴィア新国立図書館で開催された。この年から「年間最優秀図書館員」と「年間最優秀図書館（Gada bibliotēka）」、優れた実践活動を対象とした「ラトヴィア図書館の年間ベストイベント（Gada notikums Latvijas bibliotēkās）」という三種類の顕彰が定着している。そして、二〇二三年には、「創立一〇〇周年記念行事」がラトヴィア新国立図書館で盛大に執り行われた。

4 パンデミック期のラトヴィアの公共図書館

パンデミック期の公共図書館にはさまざまな変化が見られた。それらについてまとめてみよう［欧文参考文献11、5ページ］。

図書館の閉鎖と図書館サービスの提供

世界を一変させた新型コロナウイルス感染症により、世界中の図書館は二〇二〇年から二〇二一年にかけて閉館に追い込まれた。物理的な図書館が閉鎖されるなか、図書館員は可能なかぎり図書館サービスの継続を試みた。

世界中の図書館を一〇〇年以上もリードしてきたアメリカ図書館協会は、二〇二〇年三月一三日に新型コロナウイルス感染症に関する公式声明を発表している［欧文参考文献5］。そこには、「司書および図書館員としての私たちの最大の強みは、もっとも必要なときに自分自身を適応させ、再構築する能力です」と書かれていた。そして文字どおり、パンデミックによる危機に対応すべく、世界中の図書館員は自分たちの役割をつくり直して危機に立ち向かっていったのである。

アメリカの図書館で最初に取り組まれたのは、誰もが無料で利用可能となっていたWi-Fiアクセスの権限を維持し、場合によっては、さらに容易にアクセスできるようにして、住民のインターネットアクセスの回路を確保したことである。その結果、オンラインで提供される公共サービスにアクセスするために、図書館の駐車場を訪れる住民が増加したという。

緊急事態宣言のもとで、公務員として図書館以外の仕事に従事した司書もいた。サンフランシスコ州では司書がフードバンクやホームレスシェルターでの仕事に従事したほか、オレゴン州では緊急避難所に司書を配置し、孤立した住民をサポートしていた。また、マサチューセッツ州では、学校司書を含む市の職員が電話で高齢者の生活の様子を確認していた［欧文参考資料17］。

危機の乗り越え方――ラトヴィア図書館界とパンデミック

ラトヴィア図書館界は、どのようにしてパンデミックの危機を乗り切ったのだろうか。二〇二〇年の夏にラトヴィアへの渡航を予定していた私は、それがかなわないと分かってから、ラトヴィアの図書館界の情報を定点観測して、公共図書館の様子を観察することにした。ここからは、その記録である。

図書館は、不特定多数の人びとが行き交う場所である。そして、図書という物理的な媒体を介してコミュニケーションをしてきた。だから図書館は、ラトヴィアの公共機関のなかでも真っ先に閉鎖の対象となった。とはいえ、もちろん図書館の活動が中止されたわけではない。

二〇二〇年四月一日、ラトヴィア新国立図書館は公式ホームページのトップページにおいて、緊急ニュースとして「ラトヴィア国立デジタル図書館のコレクションが誰でも利用できるようになること」、「コレクションには一六世紀から二一世紀初頭までの約一万冊の本と一四〇〇種類以上の雑誌が含まれていること」を告知した。そして、国家緊急事態宣言が出され、図書館へのアクセスが不可能になってしまった状況のなかで、ラトヴィア新国立図書館がデジタルデータへのアクセスを保障することで、図書館としての機能を果たし続けることを宣言したのだ。

デジタルデータへのアクセスという大事業を成し遂げるためには、新国立図書館だけでなく、ほかの機関の助けも必要である。図書の著作権を管理する団体「著作権およびコミュニケーション・コンサルティング・エージェンシー／ラトヴィア著作者協会」が、特別なライセンスを許可したことによって書籍データの公開が可能となり、文化省もこのプロジェクトをサポートしている。

『ラトヴィア図書館２０２０年――レビュー報告』には、「一瞬もためらうことなく、図書館自体が社会に対する義務を果たし続ける方法を考えることが非常に重要でした」と書かれている。

新国立図書館にコレクションされている資料のデジタルアクセスを解禁したことは、まさにその象徴的な行動とも言えるものであった［欧文参考文献11、5ページ］。

目まぐるしい動きがあったパンデミック期のラトヴィア公共図書館の動向を**表2－2**としてまとめてみた（六二ページ）。

最初の緊急事態宣言

ラトヴィア政府は、二〇二〇年三月一二日から四月一四日まで緊急事態を宣言し、すべての教育機関でのフルタイムの授業を中止し、参加者が二〇〇人を超えるすべての公開イベントを禁止した。その後、イベント人数の制限にさらなる厳しい規制が加えられ、二メートルというソーシャルディスタンスの要請が出された。

緊急事態宣言は、まず五月一二日まで延長され、さらに六月九日まで延長された。その後、緊急事態宣言は解除され、出されていた制限も部分的に緩和されたが、再び一一月九日から二〇二一年二月七日まで二回目の緊急事態が宣言された。第一回目の緊急事態宣言時には図書館は閉鎖され、二回目の際には対面サービスとプログラムが中止となった。この間は、リモートで可能なサービスのみが実施されていた。

とはいえ、五月一二日から六月九日までは一部の図書館が再開館し、限定された範囲で対面サ

表２－２　新型コロナウイルス感染症によるパンデミック期におけるラトヴィア社会と公共図書館界の動向

年月日	出来事
2020年３月12日から６月９日	国家緊急事態宣言に伴う図書館の閉鎖。
2020年11月９日から2021年２月７日	第２回国家緊急事態宣言に伴う図書館の閉鎖。
2021年１月８日	政府は図書館を１月12日から開館することを決定。
2021年２月２日	政府はラトヴィアの非常事態宣言を４月６日まで延長することを決定。
2021年６月１日から	図書館、博物館、美術館、アーカイブなどへの訪問を許可。
2021年７月末	新型コロナウイルス感染症におけるパンデミックの第３波。
2021年８月19日	閲覧室への入場解禁、館内イベントも再開　ワクチン接種証明書、もしくは新型コロナウイルス感染症罹患証明書類を提示できる住民のみ利用可。
2021年10月11日から2022年１月11日	非常事態宣言・公共部門勤務者へのワクチン接種義務、イベント中のマスク着用義務。
2021年10月21日から11月15日まで	３度目の図書館閉鎖指令。
2021年11月２日	ラトヴィア図書館協会、パンデミックにおける図書館の情報提供機能や医療関係者等の支援について発表。
2021年11月15日から	ワクチン接種証明書、もしくは新型コロナウイルス感染症罹患証明書類を提示できる住民のみ利用可。入館時間は最長15分に制限。
2022年３月22日	政府は新型コロナにかかる新しい安全対策についての閣僚令を発出。 制限事項の大幅解除。
2022年４月１日	図書館運営に関する制限すべて解除。

ービスを行っている。緊急事態宣言が解除された六月一〇日からすべての図書館が限定的な範囲でサービスを再開したが、二回目の緊急事態宣言後は図書館サービスの制限がより厳しくなり、一二月二一日から再び図書館は閉鎖された。

二回目の緊急事態宣言と公共図書館

二〇二一年二月七日まで二回目の緊急事態が宣言された。緊急事態の最中ではあったが、首都リーガでは一月一二日から図書館は部分的に開館しはじめた。しかし、この時期のサービスは、必要な資料のコピーや授受にかぎられており、閲覧室や備え付けのコンピュータ利用は禁じられたままであった。なお、七歳以上の訪問者については、フェイスマスクまたはフェイスシールドの着用が義務づけられていた。

そして、二〇二一年八月一九日、ようやく閲覧室への入場が解禁となり、館内イベントも再開されるようになった。ただし、

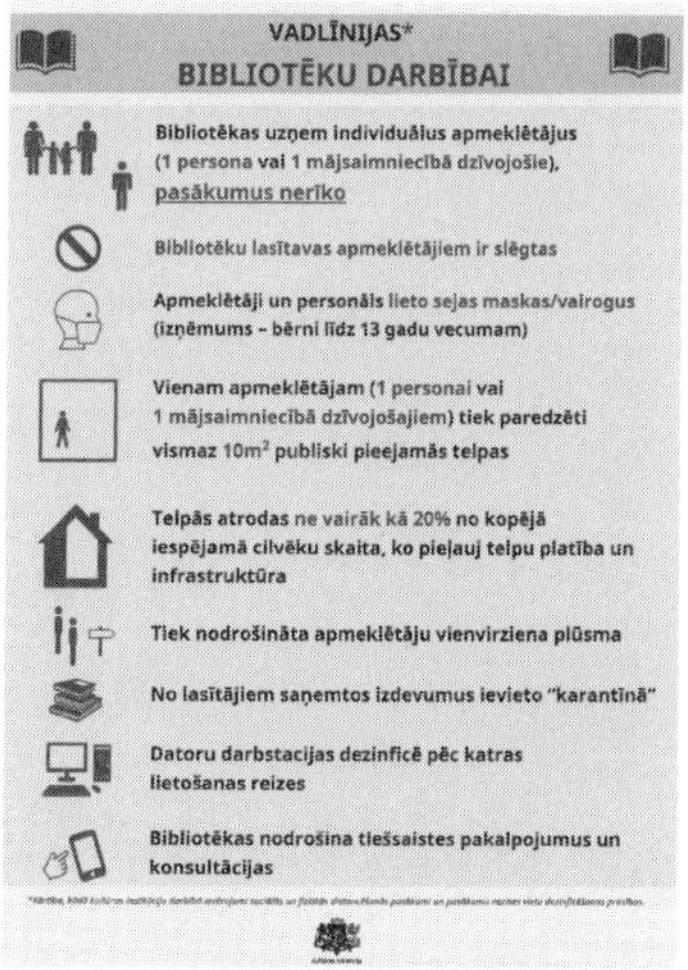

図2－1　ポスター「緊急事態における公共図書館の運営ガイドライン」
出典：[欧文参考資料61]

イベントに参加するためには、ワクチン接種の証明書、もしくは新型コロナウイルス感染症罹患証明書類が必要であった。証明書を提示した利用者は、館内でソーシャルディスタンスを取る必要はなく、マスク着用という義務もなかった。なお、コンピュータの利用は事前申し込みとなっており、館内では一人最大三〇分の利用が可能となった。しかし、この時期、リーガ中央図書館では利用者に対してリモートサービスの利用を推奨していた。

図書館が再開館したとき、喜んで書架に駆け寄る利用者が見られる一方で、コロナ禍の時期に読みたい資料を図書館職員に探してもらい、それを手渡してもらうという癖がついてしまった利用者は、書架に自由にアクセスできる状態になっても職員に資料の探索を依頼する様子が見られたという。

三度目の図書館閉鎖からすべての制限解除に至る道のり

二〇二一年一〇月二一日、三度目となる図書館閉鎖が政府によって告げられた。同日、政府は図書館以外にも、美術館、文書館、文化センター、野外ステージ、劇場、コンサートホールなども同じく閉鎖するように、という指令を出した。この制限が解除されたのは一一月一五日であったが、利用はワクチン接種証明書、もしくは新型コロナウイルス感染症罹患証明書類を提示できる住民にかぎられていた。

この時期の利用時間は最長一五分に限定され、マスクの着用と手指の消毒、二メートルのソーシャルディスタンスが求められた。集会やイベントは禁止で、閲覧室も閉鎖され、書籍と雑誌の貸借のみが可能であるという、もっとも厳しい制限のもとで図書館は開館していた。

二〇二二年一月に入っても首都リーガでは新型コロナウイルスの再流行が見られたが、二〇二二年三月二二日に政府は、新型コロナウイルスにかかる新しい安全対策についての閣僚令を出し、それまでの制限事項の大幅な解除を決めた。これに伴って、以下のような図書館運営に関する制限条項が、二〇二二年四月一日からすべて解除されることになった。

・返却図書の七二時間の隔離
・図書館内の同時滞在者数の制限
・二メートルのソーシャルディスタンスの遵守
・図書館滞在時間の制限
・利用可能なコンピュータの制限
・対面イベントや講座の禁止あるいは制限

これらが、すべて解除されたことになる。屋内でのマスクの着用が不要となり、ワクチン接種証明書などの提示も不要となり、イベントへの参加者数の制限も撤廃された。ただし、職員は制限解除後も引き続き館内でソーシャルディスタンスを保ち、手指や機器の消毒などを継続して行った。

情報弱者を援助する

パンデミック期の図書館は、デジタル資料を提供するだけでなく、情報ネットワークのハブとしての役割を担った。というのも、新型コロナウイルスが大流行するなかで、情報に取り残された状態にある高齢者の存在が浮かびあがってきたからである。

情報弱者をサポートするためにリーガ中央図書館では、二〇二一年一一月八日から一八名の職員が高齢者に電話をかけて、ワクチンの安全性や有効性について説明する職務に従事した。これは、リーガ市教育・文化、スポーツ部が、リーガ中央図書館をはじめとするほかの文化施設に呼びかけて実現したもので、約一万一〇〇〇人の高齢者に情報を提供する形で、非常時における公衆衛生の促進に貢献した。

パンデミックによって引き起こされた変化

新型コロナウイルス感染症によって引き起こされた変化について、まとめておくことにしよう。

まずはマイナスの影響からだが、何といっても図書館の利用が禁止されたことで利用者が減少したことである。その後、状況が少し改善され、制限付きで利用できるようにはなったが、パンデミック以前から行われていた対面イベントやプログラムのすべてが復活したわけではなかった。また、図書館が住民のサードプレイスとして果たしていた役割も、閉鎖とともに一時的に果たせなくなった。

図書館員はパンデミック期になって、それまで意識せずに行われてきた利用者とのコミュニケーションが遮断されたことを強く感じたという。利用者が減ったことで有料サービスから得ていた収入が減少する一方で、消毒作業のために長時間が費やされるとともに、パンデミックに対応するための費用が嵩むことになった。

パンデミックを経験したことで、図書館界が得られたプラスの側面もあった。新たなデジタルツールが活用されるようになったことがその代表例である。

職員はパンデミックの時期、デジタルツールにかかわる新たなスキルを修得し、デジタルツールが使いこなせるようになった。そのスキルは、職員間でのオンライン会議の開催や、オンラインでのイベント開催などに活かされている。

また、オンラインでのイベント開催は、図書館にこれまで来なかった新たな利用者の獲得にもつながった。さらに、それまで対面で行われていた図書館員の研修がオンラインで行われることで参加者が増えたほか、交通費の削減につながっている。まだある。パンデミック期を自館のコレクション、データベース、地域資料などを見直す整理作業に充てた図書館が多かった。

このようなことは、すべてパンデミック期における副次的な効果である。

利用者とのコミュニケーションに関しても変化があった。図書館員は、リモート環境での非接触型サービスを提供することで、利用者との新たな関係構築ができると気付いた。図書館がデジタルツールを駆使してサービスを提供するなかで、利用者は今までとは違う形で図書館に頼るようになったことを、図書館界はパンデミックを通して実感したのである。

危機をチャンスにして

「チャンスとしての危機（Krīze kā iespēja）」は、パンデミック期の世界中の図書館の合言葉だったが、ラトヴィアではこの時期、図書館員はどのような仕事に従事し、日々どのように感じていたのだろうか。

リーガ中央図書館に勤務する職員四六人を対象に行われたアンケート調査では、パンデミック期に得た主な教訓として以下のような意見が挙がっている。

・自分たちが持っているものを心の底から感謝できるのは、それが失われたときや禁止されたときである。だからこの間、社会における図書館の重要な役割が実感できた。
・図書館サービスは、新しい価値として生まれ変わる。
・人びとのコミュニケーションや打ち合わせは、考えていた以上に重要である。
・フェイクニュースの影響の強さと、それに対抗するための図書館の役割を感じた。
・別の視点から仕事を計画する方法を学ぶことは大きな利点となった。

アンケートからは、新型コロナウイルス感染症によるパンデミックを経て、図書館員が知識を深め、新たな仕事の機会を見いだすようになったこと、そして危機を「変革のチャンス」としてとらえ、専門職スキル、そして専門職の精神をも向上させていたことが浮かびあがってきた［欧文参考文献19、56～61ページ］。

5 ロシアによるウクライナ侵攻とラトヴィア図書館界

パンデミック終焉の見通しがまだまだ立たない二〇二二年二月二四日、追い討ちをかけるようにロシアのウクライナ侵攻という衝撃的な事件が起こった。この事件は、ウクライナとの地理的・社会的関係が強いラトヴィア図書館界にも大きな影響を与えている。

バルト三国のウクライナ侵攻に対する共同宣言

侵攻から四日後、ラトヴィア、エストニア、リトアニアの国立図書館は共同宣言を出した。三国はロシアのウクライナへの攻撃を強く非難するとともに、ウクライナの人びととの連帯を呼びかけた。この共同宣言は、「自由な情報アクセス」、そして「すべての人に開かれた文化空間を担保する」という図書館の基本的価値に基づいたものである。

同日、ラトヴィア図書館協会は、ウクライナの図書館員とウクライナ国民に向けて支援と連帯の声明を発表した。この声明は、とくにフェイクニュースと闘う図書館の専門職に焦点が当てられており、図書館員が専門性を活かしてウクライナの人びとを支援することを宣言していた。ウクライナの図書館員に向けては、情報アクセスに関する実務的な支援を、一方、ウクライナ住民に向けては、ラトヴィアからの精神的な連帯を呼びかけたのである。

ロシアのウクライナ侵攻は、ラトヴィアの公共図書館の資料収集という業務にも影響を与えている。ラトヴィアは、二〇〇二年にロシア文化省との間で、ロシアで出版された出版物に関する協力協定を締結していたが、ウクライナへの侵攻後、ラトヴィアはこの協定を破棄し、ロシアで刊行された出版物の購入を中止した。そのため、侵攻後に新しく購入するロシア語の図書は、ラトヴィアで刊行されたものにかぎられるようになった。

ウクライナ難民の支援に乗り出したラトヴィア図書館界

二〇二二年三月になると、各図書館がウクライナの人びとに向けて直接的・間接的な支援を開始した。最初にはじめられたのは、各図書館がもっているウクライナ関連資料をピックアップして、「ウクライナ関連資料コーナー」をつくることであった。館内に、ウクライナの歴史、自然、文化、文学などを扱う資料を展示する図書館が増加したほか、ウクライナ国旗を掲げたり、利用者と協力してウクライナを象徴するヒマワリの種をまき、ウクライナへの支持を表明した。

ウクライナからの難民がラトヴィアに入国するようになった三月中旬からは、難民センターと連携して図書館サービスを開始し、より具体的な方法でウクライナの人びとの支援にかかわるようになった。UNHCR（国連難民高等弁務官事務所）の統計によると、二〇二三年八月一五日現在、ラトヴィアが受け入れたウクライナ難民の数は三万二四七〇人となっている。ちなみに、隣国のエストニアやリトアニアは、それぞれ約四万八〇〇〇人の難民を受け入れている［欧文参考資料60］。

図書館には、印刷、コピー、スキャンのサービスがあり、インターネットとオンライン情報リソースへのアクセスもある。ウクライナ難民のために、図書館は最新の情報を提供するとともに、図書館で可能なサービス全般を提供した。ウクライナ作家の作品が集められ、ウクライナ語の書籍セットなどが用意されている。

また、図書館員は、ウクライナ難民から寄せられるさまざまな問題を解決するための個別相談と支援を提供している。そのなかには、アパートを借りたいという希望に応じたり、医療機関の案内、交通手段、仕事の機会などについての情報提供も含まれていた。また、図書館で利用できるサービスや図書館の情報リソースについての広報なども開始している。

さらに、ウクライナ難民に対してデジタルスキルのプログラムを提供したり、難民から希望の多い英語スキルを向上させるための講座、ラトヴィア語の日常会話教室などの開催もはじめた。ラトヴィア語の基礎を学ぶ教室に参加したウクライナ難民は、日常生活で頻繁に使う単語やフレーズを習得して活用できるようになって

小規模図書館にもウクライナ語コーナーがある（リーガ市中央図書館チエクルカルンス分館）

いる。

図書館が実施したサービスのなかでもっとも重要と言えるものは、無料の Wi-Fi を館内で提供したことである。インターネット環境が整わず、ウクライナにいる親戚と連絡が途絶えていた家族にとってこれは、故郷との唯一の絆となった。さらに、ラトヴィアに逃れて来る前に教職に携わっていた人に対しては、遠隔講義を行えるようにと、インターネット接続コンピュータ、マイク、ヘッドフォンを備えた設備を準備した図書館もあった。

子どもたちを対象とした特別なサービスも考案されている。要望に応じて、マンガ、ボードゲーム、塗り絵を提供したり、読書犬プログラム（一一一〜一一二ページ参照）への参加を呼びかけたほか、宿題支援も実施した。それ以外にも、難民の子どものためのプログラムが活発に行われている。ウクライナ語に吹き替えられたアニメーションの上映会を催したり、工作やボードゲーム、ラトヴィア語教室などといったプログラムが企画された。図書館によっては、レゴブロックを使った創作活動のほか、ロボット工学や3Dモデリングのクラスを開いたところもある。

さらに、リーガ中央図書館では、ラトヴィアに移住した難民三名を二〇二二年四月から雇用した。現在、二名が図書館員として、もう一名は清掃担当者として働いている。ウクライナ人が図書館に勤務していることは図書館の案内ボードに記されており、ウクライナ難民がこれらの図書館員に個別の相談をしたり、母語で会話をする機会があるということだ。

ラトヴィア新国立図書館のウクライナ支援

ラトヴィア新国立図書館もまた、ラトヴィア図書館界を代表してウクライナ支援を集中的に行っている。在ラトヴィア・ウクライナ大使館と協力して、職員がイベントを実施したり、ウクライナ難民に情報源や図書館サービスの提供を行った。

新国立図書館としての重要な支援として、慈善事業ポータルサイト「Ziedot.lv」と協力した、ウクライナの文化遺産を守るための募金キャンペーンがある。このキャンペーンは二〇二二年三月から四月にかけて行われ、ラトヴィア全土の個人、公的機関、民間企業が募金に参加し、総額約一万六一一八ユーロ（約二五三万円）が集められたという。

キャンペーンには、文化財保護のためのクッション素材などの収集も含まれており、集まった募金と資材がウクライナに送られて文化遺産の保全に使われた。そのほか、「ウクライナ文化遺産保存センター」がアーカイブ資料をデジタル化するためのスキャナーの購入も支援した。

さらに増加するウクライナ難民のため、ウクライナ大使館にアドバイスを受けながら、現代ウクライナ作家による児童・青少年向けの図書を購入している。世界各国にウクライナ語の図書を送る活動は「ウクライナの本棚」(5)と呼ばれ、ウクライナ大統領であるウォロディミル・ゼレンスキー（Володимир Зеленський）夫人のオレーナ・ゼレンスカ（Олена Зеленська）が、ウクライナ外務省、ウクライナ大使館などと協力してはじめたものである。この活動は、ウクライナ文学の原書と翻訳を世界の主要な図書館に配付することを目的としている。

ゼレンスキー夫人は、文化が人間にとって基本的なニーズであり、故郷との架け橋のためにウクライナ移民に本を贈ることが重要であると語っている［欧文参考資料63］。新国立図書館はこの「ウクライナの本棚」の制度を利用して、ウクライナ語で書かれた図書のコレクションを充実させている。

ラトヴィア公共図書館におけるロシア語・ウクライナ語コレクション

ウクライナ語はキリル文字表記を用いており、ロシア語と同じ東スラブ語派の言語である。そのため、ウクライナ人はロシア語の本を読むことができる。一方、ラトヴィア社会は長らくロシア語影響下に置かれていたためにロシア語の話者が多く、ラトヴィアの図書館には分館であっても一定数のロシア語の図書が置かれている。これらのロシア語資料が、ウクライナ難民に対して提供されている。

二〇二三年にリーガを訪れたとき、そこかしこにウクライナの国旗が掲げてある様子を目の当

（５）「ウクライナの本棚」は、二〇二二年九月現在、日本も含む合計一八か国で運営されている。

たりにした。バスなどの公共交通機関も、黄色と青のシールを車体に貼り付け、ウクライナへの連帯を表していた。

侵攻から二年以上が経過した今もなお、図書館がウクライナ資料の展示を続けていることは言うまでもない。長らくソ連の占領下にあったラトヴィアでは、ウクライナに対して特別な感情をもっている。抑圧された人びとに対して寄せる気持ちの強さは、ほかの国々をはるかに上回っていることが容易に想像できる。

ウクライナへの連帯を示す国旗が街のあちこちに見られる

ウクライナ関連資料（リーガ中央図書館本館）

第3章

ラトヴィア公共図書館のサービス

ラトヴィア新国立図書館内の児童文学センター

本章では、一九九一年にロシアから独立したのちに飛躍的な発展を遂げたラトヴィア公共図書館の実際のサービスについて、基本的なサービスをふまえたうえで特徴のあるプログラムを中心に紹介していきたい。

1 ラトヴィア公共図書館のサービスとプログラム

資料サービス

公共図書館サービスの基礎となるのが、それぞれの図書館がもつコレクションである。ラトヴィア公共図書館におけるコレクションのなかでもっとも重視されているのは、ラトヴィア語で書かれた文学作品である。それが利用者の要望でもあるからだ。

現在、ラトヴィアの図書館界は電子書籍の普及に注力しているが、そうした努力が身を結び、電子書籍の利用者が確実に増える傾向にある（一一四ページ以下参照）。また、どこの国でも共通することであるが、パンデミックを経て、図書館の新着図書のお知らせや資料のＰＲに関しては、館内展示だけでなく、Facebook、Instagram、YouTube などのＳＮＳを通して利用者に伝えられるようになっている。

ラトヴィアにおける多言語コレクションの意味

グローバル化が一気に進展した二一世紀においては、それぞれの地域で使われている公用語だけではなく、移民のための資料をそろえることが図書館のベーシックなサービスとなった。そうしたコレクションは、「多言語資料」として書架の一角を占めている。だが、ラトヴィア公共図書館における多言語コレクションは、移民を対象にしたものとは少し性格が異なっている。つまり、二度にわたる占領によって、ラトヴィアに住む人びとが話す言語として、ラトヴィア語以外の言語が複数存在しているのである。

そのため、移民だけでなく、ラトヴィアに居住する人が実際に用いる言語に合わせて図書館の資料コレクションは形成されている。憲法に定められたラトヴィア語が中心となっていることは言うまでもないが、実際の話者数を配慮し、ロシア語、ウクライナ語、ポーランド語などの資料が必ず用意されている。

さらに、他国にない特徴がある。たとえば、スカンジナビア諸国では移民を多く受け入れているため、図書館にもアラビア語、ペルシャ語、トルコ語、ソマリ語などといっ

村上春樹の小説はラトヴィアでもとても人気がある

た多言語コレクションが用意されているのだが、その場合、書架の案内板表記はそれぞれの言語を用いて記述されている。しかし、ラトヴィアの場合は、多言語コレクションの書架案内板でもラトヴィア語を用いて表記されているのだ。これは、公共機関におけるラトビア語使用優先の政策（六ページ参照）が公共図書館でも厳格に適用されているからである。

ロシア語図書コーナー（リーガ中央図書館本館）

各地域の歴史資料を図書館が収集する

図書館が収集するのは、新しく刊行された図書だけではない。二〇一九年にラトヴィア図書館界は、図書館が所在している地域資料を収集する業務を強化した。地域資料の収集は、通常の収集作業に比べて時間も手間もかかる仕事である。これらの資料は普通の書店では入手できず、特殊なルートで入手したり、新たに入手先を開拓する必要があるからだ。

地域資料の収集に力を入れている理由には、長期間にわたったソ連による占領によってラトヴィア文化にかかわる多くの資料が散逸し、失われてしまったという事情がある。歴史的コレクションを構築するためには、地域の歴史を丁寧に調べ、資料を発掘していくという調査が必要であり、実際、ラトヴィアにおいては、司書は郷土史研究者としての役割を果たすことが求められている。

二〇一九年の「地域資料収集強化プロジェクト」によって、新国立図書館のデジタルライブラリーのデータは順調に増加し、約七〇万冊の定期刊行物、一万八〇〇〇冊の図書、八万枚の画像、二五〇〇枚の地図、一万四〇〇〇種の音声・動画資料が蓄積されている（一四五ページ参照）。

文化イベント

資料サービス以外の図書館プログラムとして、どのようなものがあるのだろうか。図書館が資料収集・提供にとどまらず、多様なプログラムを提供することは世界的なトレンドともなっているが、近年、ラトヴィア公共図書館でもさまざまなイベントが開催されるようになった。

もともと図書館内では、読書グループやチェスなどといった趣味のグループが活動していた。これらだけでなく、図書館員がプログラムに積極的に関与することでさらに活動範囲を広げたイベントが開催されるようになっている。たとえば、文学とかかわりの深い名所旧跡を図

小さい分館でもその地域の歴史資料を収集している（リーガ中央図書館チエクルカルンス分館）

書館員の案内でめぐる「文学散歩」（一一一一ページ、一二〇ページ参照）、小説や詩の執筆、図書館でのディスカッション、ハイキング、健康イベント、セラピー犬（一一一ページ参照）との読書体験などである。

これら以外にも、地元の団体、作家やアーティストを図書館に招いて住民との出会いの場を提供したり、芸術活動を直接体験する場を積極的につくり出しており、今やラトヴィアの公共図書館はコミュニティセンターとしての地位を獲得している。

また、教育的なイベントの開発も進んでいる。公共図書館は、学校教育から離れた住民にとっては唯一の生涯学習の場所となるからだ。

とくに重視されているのは、メディアリテラシーを育成する拠点としての公共図書館の役割である。事実、リテラシーにかかわる教育プログラムを提供しているところも多い。さらに、子どもたちの図書離れや図書館離れが進むなか、プロの動画制作者と一緒に動画を創作するというプログラムを立ちあげたといった先進的な事例も報告されている。

パンデミック期においては、このような文化プログラムも可能なかぎりオンラインに移行し、Facebook のギャラリー機能と YouTube 動画を用いたオンライン展示会が開催されたりもした［欧文参考文献10］［欧文参考文献11］。

「インスピレーション図書館」プロジェクト

多様な文化活動が行われるようになった図書館の空間に関連して、図書館のスペースにかかわる最新の話題にも触れておきたい。前述したように、ラトヴィアの図書館は「光の城」と呼ばれてきた。光は知識、文化、自己成長を表し、城はそうした理念を形にしていくための資料や情報が収められた場所を示している。「光の城」をさらに心地よい場所に変革していく運動が「インスピレーション図書館」である。

資料空間だった図書館が、二一世紀に入って多目的な文化空間へと変貌を遂げたことは、すでに述べたとおりである。ラトヴィアでも、資料やサービスと同じく図書館の環境、建築、空間といった要素を重視するようになった。その現れの一つが、二〇二二年から二〇二四年までという時限つきで開始された「インスピレーション図書館」プロジェクト（projekta "Iedvesmas bibliotēka"）である。

このプロジェクトは、図書館空間を変革したいという願いをもつ図書館を対象に実施された応募型のプロジェクトである。初年度は、申請のあった二六館から五館が選ばれ、図書館建築の専門家や地方自治体の支援を仰ぎながら変革のアイデアを形にしていった。ちなみに、二年目は一七館が申請し、三館が選ばれている［欧文参考資料9］。

「インスピレーション図書館」のアイデアは、二〇一九年にラトヴィア新国立図書館の児童文学センター（Bērnu literatūras centrs: BLC）の読書室の改装をきっかけに生まれた。利用者のなかで、もっともシビアな要求をするのは子どもたちである。あらゆる年齢の子どもにフィットし、しかも魅力的な空間を目指して、リーガに拠点を置く建築事務所「ガイス（GAISS）」のもとで児童文学センターの空間リニューアルが進められた。(1)

ラトヴィア新国立図書館の児童文学センターの夢にあふれた空間

　児童文学センターには、木やハンモックやさまざまな形の椅子や階段が備え付けられ、アーティストのルータ・ブリエデ（Rūta Briede）氏が壁一面にイラストを描き、見違えるような魅力的な空間に生まれ変わった。この改装が大成功を収めたことがきっかけとなり、図書館界では空間の重要性についての認識が一気に高まり、「インスピレーション図書館」と呼ばれるプロジェクトにつながったのだ。

プロジェクトでは、デザイン、建築、インテリアなどを通じて、図書館が視覚的な変化を遂げることを重視するため、建築家とデザイナーの力も必要とされる。また自治体は、このプロジェクトに関して五〇パーセント以上を負担する必要があるなど、自治体と一体となった計画が進められた。このプロジェクトを資金面で支えたのが「ラトヴィア国立図書館支援協会（Latvijas Nacionālās bibliotēkas atbalsta biedrība）」（一六三ページ参照）である。また、実現にあたって、合板製造会社の「ラトヴィヤス・フィニエリス（Latvijas Finieris）」などの企業から助成や寄付というサポートがあった。

どのような夢がかなえられたのだろうか。二〇二二年までのプロジェクト実施状況と二〇二四年のプロジェクト計画を**表3－1**にまとめてみた（八六ページ）。

屋外スペースを活用したプロジェクトが多いことに気付くが、これはラトヴィア公共図書館が一人で図書を読む空間から、近隣住民が文化イベントを通じて「交流する場」へと変化を遂げていることの現れである。「インスピレーション図書館」は三年間という限定したプロジェクトであったが、今後も「インスピレーション図書館」に刺激を受けた図書館が新たな空間づくりで競い合い、それぞれの図書館が抱く夢のスペースを実現する場面が各地で増えていくことだろう。

（1）　児童文学センターの内部の様子は「Gaiss」のウェブサイトから閲覧することができる。［欧文参考資料41］

表3－1 「インスピレーション図書館」の概要

図書館名	かなった夢・かなえたい夢
2022年	
エールゲメ図書館（ヴァルカ県）	・新しい敷地への移転 ・図書館のために特別にデザインされた家具の設置
クルシーシ図書館情報センター（サルドゥス県）	・読書、会議、Wi-Fi への接続ができて、24時間利用可能な屋外テラス読書室の設置
プーレ図書館（トゥクムス県）	・乳幼児と保護者向けのプレイハウスの設置 ・階段や滑り台などの遊具を設置した読書空間の設置
ヴィルゼーニ図書館（リンバジ県ブラスラヴァ郡）	・イベント、プログラムの開催用に屋根付き屋外読書室の設置 ・多様な世代間の交流のためのスペースづくり
プリャヴィナス児童図書館（アイズクラウクレ県）	・子どもが読書を自主的に楽しめるようにデザインされたピラミッド型書架を児童室の中央に設置
2023年	
グルベネ県図書館（グルベネ県）	・子ども向けの機能的な読書室の設置
マールペ図書館（アルークスネ県）	・屋外テラス読書室の設置 ・異世代間交流の促進する空間づくり
ヴァルグンデ図書館（エルガヴァ県）	・子どもたちや若者にとって快適で魅力的で魅力的な空間の創出
2024年	
ブロメ図書館（スミルテネ県）	・子ども用読書室の設置
ユールマラ中央図書館（ユールマラ県）	・子どもが自由に絵や文字を描けるインタラクティブなオブジェクト「文字のドラゴン」の児童図書室への設置
ロパジ図書館（ロパジ県）	・移動可能なステージとベンチを備えた屋外図書館スペースの設置
スマールデ郡図書館（トゥクムス県）	・児童読書室への新しいプレイルームの設置

出典：［欧文参考資料19］から作成。

2 作家・詩人と図書館

ラトヴィアの公共図書館は、作家と読者が出会う場所でもある。そのため、図書館では定期的に作家を招き、利用者と交流が図れる時間をつくっている。こうした「作家の図書館訪問（Rakstnieku viesošanās bibliotēkās）」は、利用者にとっても、作家にとっても有益なプログラムとなる。なぜならば、作家に会った読者はさらに作家自身を知ることになり、その結果、作品をより深く理解できるようになるからだ。また、作家にとっても、読者との出会いは創作エネルギーの向上をもたらすことになる。

作家と図書館の距離が近いラトヴィアでは、作家の新作発表会を、出版社と図書館が共同で開催するといったことも日常的に行っている。こうしたイベントには、作家、出版社、図書館員のほか、一般市民とともに作家の友人なども参加している。

作家の図書館訪問の会場（リーガ中央図書館本館）

警察官出身の人気作家が図書館を訪問

このように、ラトヴィアでは作家や詩人、文学者が頻繁に図書館を訪問しているのだが、こうした訪問は、中央図書館だけでなく分館や高齢者施設、学校などでも開催されている。まさしく、ラトヴィアの公共図書館の特徴と言ってもよいだろう。

たとえば、警察官出身の人気作家であるロランダ・ブラ（Rolanda Bula）氏は、しばしば図書館を訪問することでよく知られている。二〇一九年一〇月には、リーガ市にあるレーズナ分館（filiālbibliotēka Rēzna）やカスタニス・デイセンター（Dienas centrā pieaugušajiem "Kastanis"）を訪問して、参加者と交流を深めている。

ブラ氏は、長年にわたる警察での仕事や、ミステリーを書くに至った経緯を語ったほか、最新作の小説の下書きを参加者に見せたりもしている。また、二〇二〇年には、ラトヴィアの大手出版社「ラトヴィア・メディア（Latvijas Mediji）」と連携して、新作記念イベントをリーガ中央図書館本館で開催している。ブラ氏こそ、「図書館訪問の常連」と呼べるだろう。

文学作品の普及に図書館が力を貸す

パンデミック期を経て、作家との交流はオンラインでも行われるようになった。リーガ中央図書館では、パンデミックが続く二〇二二年一月、ラトヴィアの作家や文学について理解を深め、文学作品を普及させるために、オンラインイベント「お互いにもっと知り合おう」シリーズをはじめた。

イベントでは、図書館員が会話を主導し、創作の秘話や図書、そして図書館に関する思い出を引き出していった。図書館との交流イベントに登壇する作家は、みんな図書館に対してよき思い出をもっており、利用者に出会うことを楽しみにしていたという。

パンデミックが少し落ち着きを取り戻した二〇二一年九月、チエクルカルンス分館の庭で行われたのは、文芸評論家のサンドラ・ラトニエッェ（Sandra Ratniece）氏、ロランダ・ブラ氏、そして出版社の代表となったヴィヤ・ラガノフスカ（Vija Laganovska）氏の鼎談《ていだん》であった。参加者は、それぞれの立場からの発言に耳を傾け、創作活動についての知識を得たり、作品から選ばれた一節の朗読を楽しんだという。

同じく九月には、作家、翻訳者、アーティストのリリヤ・ベルジンスカ（Lilija Berzinska）氏がゼムガレ分館（filiālbibliotēka "Zemgale"）に招かれ、創作の源泉、現在の仕事、読書、図書館と自らの関係について語っている。

子どもを対象としたイベントもある。二〇二一年九月には、ヤウンツィエムス分館（Jaunciema filiālbibliotēka）において、作家のエヴィヤ・グルベ（Evija Gulbe）氏と子どもたちとの交流イベントが行われた。同分館は複合施設内にあり、その施設には保育園が併設されている。子どもたちは、グルベ氏とおしゃべりをしたり、ゲームを楽しんだという。さらに、手紙の交換まで約束したという。

作家を招待し、利用者との交流を図ることは、読書振興を推進するだけでなく、図書館が作家の育成に直接かかわる機会ともなる。ラトヴィアには、その名も「図書館（"Bibliotēka"）」と名付けられた若手作家コンテストがある。このコンテストは、ラトヴィア語の書き手を育成することを目的として二〇一八年に創設されたものである。優勝者には、出版するための助成金や、出版された小説の広告費などが授与されることになっているが、このコンテストの協力組織として参画しているのがラトヴィア新国立図書館なのだ。

詩人の図書館訪問

作家が図書館を訪問することの意義について書いてきたが、決してめずらしいことではなく、世界中の図書館においてごく普通に行われていることである。ラトヴィアらしさといえば、詩人が頻繁に図書館を訪れていることである。ラトヴィアでは、文学においてとくに詩が重視されており、詩人の社会的プレゼンスも高い。ラトヴィアで詩が盛んなのは、「社会と政治の動向に鋭敏に呼応し、反骨や揶揄などが行間に込もる詩が、多くの人々の心の内を代弁してきたから」「和文参考文献7、141ページ」と説明されている。

詩を大切にしてきたラトヴィアでは、毎年秋に「詩の日（Dzejas dienas）」というイベントが開催されてきた。この催しは、ラトヴィアの詩人ライニス（Rainis）(2)の生誕一〇〇周年を記念して、一九六五年九月一一日にコムナール公園（Komunāru parks）(3)で開催されて以来、秋の恒例行事となった。

「詩の日」のイベントは、リーガだけでなくラトヴィア全土で開催されており、詩の朗読や詩人との交流が行われている。また、一九九六年からは、その年の最高作品に対して「今年の最高の詩集（Gada labākā dzejas grāmata）」が授与されてきた［欧文参考資料58］。

ラトヴィアでは、クリスマスプレゼントをもらうときに子どもたちは、サンタクロースに詩を暗誦《あんしょう》するという習慣がある。これも、詩が日常に根づいているエピソードだと言えるだろう。また、道に

（2）本名はヤーニス・プリエクシャーンス（Jānis Pliekšāns, 1865～1929）。劇作家、翻訳家、ジャーナリスト、思想家、文化活動家、政治家でもある。

（3）現在のエスプラナーデ（Esplanāde）公園。

ライニス銅像の解説板

ライニス銅像

自由に詩を書く「アスファルトの詩」というイベントを開催している図書館や、多言語での詩の朗読会を開催している図書館があるなど、ラトヴィアにおける詩のステータスは高いと言える。これを証明する例をさらに挙げてみよう。

詩人が高齢者施設を訪問して朗読

詩人がさまざまな施設に出掛けていくというイベントがある。二〇二二年九月、チェンガラグス分館（Ķengaraga filiālbibliotēka）の図書館員は詩人とともに高齢者施設を訪問した。まず、図書館員がラトヴィアの詩を解説し、いくつかの朗読を行った。続いて、詩人のイライダ・チェリメレネ（Iraida Ķeļmelene）氏がミュージシャンのユリイス・クラモフス（Jurijs Kulamovs）氏の音楽に合わせて詩を朗読した。このイベントは、リーガ中央図書館の「インクルーシブ・ライブラリー」プロジェクト（二〇二ページ参照）の一環として実施されたものである。

その前年、二〇二一年九月に開かれたのは、イマンタ分館（Imantas filiālbibliotēka）での、クリスタプス・ヴェツグラーヴィス（Kristaps Vecgrāvis）氏、アリセ・メートラ（Alise Mētra）氏、ライマ・アーベレ（Laima Ābele）氏による朗読会である。このイベントには近隣の中学生が参加し、三人の詩人と交流する機会ともなった。

詩のオンラインイベントも開かれている。二〇二一年一二月九日には、ラトヴィア作家連盟の機関誌「CONTEXT」の朗読会があり、詩人のダイニス・ディゲリス（Dainis Deigelis）氏、アンドリス・アルプス（Andris Alps）氏、マーラ・ウルメ（Māra Ulme）氏、サンドラ・ラトニエツェ氏が、それぞれ自作を朗読したという。

さらに、子ども向けのプログラムもある。二〇二一年九月、ヴェツグラーヴィス氏、メートラ氏、アーベレ氏がイマンタ分館を訪れ、リーガ・イマンタ高校の生徒たちと交流したほか、二〇二二年五月には、読書振興プロジェクト「ブックスタート（Grāmatu starts）」の一環として、子どもたちを対象とした詩のイベントが開催されている。イベントに招待された子どもたちは、読書に関するワークショップと「フクロウの足跡」というゲームに参加しながら、詩の朗読を楽しんだという。

図書館員が作家と出会う

このように、図書館員は作家と利用者の出会いを仲介するという役割を担っているわけだが、図書館員自らが作家と出会うという機会も設けられている。たとえば、二〇二〇年九月にラトヴィア作家連盟の機関誌の編集長で、作家・詩人のサンドラ・ラトニエツェ氏（八九ページ参照）とリーガ中央図書館の図書館員が対話するというイベントが「詩の日」に合わせて開催されている。ラトニエツェ氏は、図書館員を前に、ラトヴィア作家連盟の歴史と現在について講演を行い、

コ・ラ・ム

図書館での貸出による損失を作家に還元する公共貸与権

EU加盟国には、図書館での貸出による損失を作家に補償する「公共貸与権制度」が義務づけられている。ラトヴィアは、2004年に加盟したあと、「著作権法（Autortiesību likums）」に基づいて、著者が図書館や公共への作品の貸出に対する報酬を受け取ることができる「公共貸与補償制度」を2006年に導入した。公共貸与権は、「著作権およびコミュニケーション・コンサルティング・エージェンシー／ラトヴィア著作者協会」によって運用されている［欧文参考資料51］。

支払い対象となるのは、学校図書館以外の、公費で運営されている図書館における貸出である。補償金の受け取り対象となるのは、作家、翻訳者、イラストレーター、編纂者、装丁者、ナレーターなどである。図書館の貸出数に基づいて支払額が決定されている。対象となる資料は、図書、楽譜、レコード、映画フィルムである。公的貸付の報酬の計算、支払いおよび分配の手順は、2007年8月21日に制定された「公共貸与に関する報酬の計算、支払い、分配手順」（内閣規則No.565）に定められている［欧文参考資料22］。

公共貸与権制度を世界で最初に導入したのはデンマークであり、1946年のことであった。デンマークで公共貸与権制度が開始された理由として、デンマーク語が少数話者言語であることが挙げられる。デンマークにおける公共貸与権制度は、デンマーク語で文芸作品を発表する作家の支援を念頭に置いた制度であり、図書館での貸出による創作者の損失を補填することで，少数話者言語であるデンマーク語の衰退を食い止めるための仕組みとなっている。デンマークでは、長い年月をかけて、作家への補償金支払いのルールを細かくつくりあげてきた。こうしたデンマークの公共貸与権制度の成熟度については、図書館界で高く評価されている［和文参考文献13］。

自身の詩を朗読した。そして、著者、出版物、読者の連環における図書館の重要性について語ったという。

作家が日常的に図書館を訪問する理由

海外の図書館と比べると、日本では作家を図書館に招くというのはあまりポピュラーな機会とはなっていない。もちろん、特別なイベントで作家に講演を依頼するという例はあるが、日常的に作家が図書館を訪問するという文化はないようだ。それだけに、日常的に作家が図書館を訪れるというラトヴィアの文化はとても興味深い。

リーガ中央図書館館長のジドラ・シュミタ（Dzidra Šmita・二二四ページ参照）さんに、作家と図書館の関係について尋ねてみたところ、ユニークな回答が返ってきた。まず作家は、基本的に図書館という場所をとてもポジティブに捉えているということである。また、出版社側も、刊行物のプロモーションを図書館で開催することを希望しているということであった。

作家・出版社と図書館は活字文化の推進に関して、作品を読んでもらうという最終目的を共有している。それをよく表していると思うのが、図書館のイベントにおける作家への報酬である。非常に有名な作家、あるいは多忙な作家に対しては謝礼を支払うこともあるが、そうしたケースは稀で、多くの場合、作家は無料で図書館に来てくれるという。とくに、デビューしたばかりの作家は、図書館に呼ばれることをとても栄誉なことだと思っているそうだ。なお、図書館に作家を呼んでイベントを行いたいときには、エージェンシーを通してではなく、直接連絡をとっているとのことである。(4)

ジドラさんは、「今まで、作家に図書館訪問を依頼して断られた経験はない」と誇らしげに答えてくれた。そして、次のように話してくれた。

「以前であれば、出版社と図書館は敵対関係にあると思われていたこともありました。とくに出版社側においては、図書館によって本が売れなくなるという懸念が強かったのですが、今はそのようなことはありません。というのも、図書館で借りておもしろいと思った本は購入に結び付くからです」

ラトヴィア作家連盟会長のアルノ・ユンゼ氏が語る作家訪問の意味

図書館にとって「作家訪問」は定番プログラムに組み込まれているわけだが、作家側はそれをどのように考えているのだろうか。意見をうかがうために、ジドラさんにラトヴィア作家連盟会長のアルノ・ユンゼ（Arno Jundze）氏を紹介してもらった。

ユンゼ氏は文学者であり、文献学の研究者でもある。現在は、国家文化資本基金の文化部門長を務めている。これまでに、児童書『チパル・リェルパトゥ・シュニルクス（*Kiparu Lerpatu*

Šnirks)』、ティーンエイジャー向け小説『クリストファーと影の騎士団（*Kristofers un Ēnu ordenis*)』、小説『砂時計の塵（*Putekļi smilšu pulkstenī*)』などを執筆している。これらの業績により、「ラトヴィア書籍出版社協会賞（Latvijas Grāmatizdevēju asociācijas balva)」を受賞している。

ユンゼ氏によると、ラトヴィアの作家は定期的に図書館を訪れ、読者に会いに行っているが、図書館訪問は作品の宣伝に役立ち、読者に作家の意見を伝える機会になる、と考えている。リーガの図書館でも作家のイベントが定期的に開催されているが、リーガのような都会では、展覧会、演劇、博物館、美術館などの文化事業と図書館のイベントが競合することになる。一方、人口が少ない小さな町には文化的なイベントがそれほど多くないため、作家訪問は数少ない文化プログラムとなる。だから、とくに地方の図書館は、読者との交流のために作家を招くことに積極的なのである。

（4）スウェーデンには、図書館と作家を仲介する専門のエージェンシー「作家センター（Författarcentrum)」という組織が存在している。作家センターとは、一九六七年に設立された職業作家のための非営利団体で、スウェーデン文化評議会が運営資金を拠出している。設立の目的は、文学作品を社会に届けること、作家と読者を結び付けること、文化の多様性を尊重して言論の自由を守ることである。センターに登録している作家は一七〇〇人を数える。

作家が図書館を訪れるにあたっては公的な支援が得られるそうだ。資金取得の方法として、地方自治体による支援を得るパターンと、「国家文化資本基金」のプロジェクトとして計画するパターンがある。さらに、図書館訪問だけでなく学校訪問もあるとのことだった。

作家がどれぐらい図書館を訪問するかは、「出版された作品の人気に関係する」と言っていたが、ユンゼ氏の最高記録は一週間に八回ということであった。とはいえ、これほどの訪問数は例外で、一〇月から五月の活動期において、月一回から二回が普通である。

作家訪問は、国中を移動しなければならないし、何時間にもわたって読者と会話をしたり、質問に答える必要があるなど、なかなか大変なイベントとなる。それをふまえると、図書館でのイベントを作家がとても真剣に捉えていることが分かる。

補足すると、ラトヴィアの図書館にやって来るのは作家だけではない。ミュージシャンや俳優なども訪問するため、利用者にとっては、図書館に行くことでさまざまなアーティストにも出会えるチャンスとなっている。

3 子どものためのサービス

ラトヴィアの公共図書館におけるサービスを紹介してきたが、次は子どもに焦点を当てたサービスを見ていくことにしよう。ラトヴィアにかぎらず、図書館界では子どもへのサービスをとくに重視している。幼少時に読書習慣が身につけば、一生にわたって続くことを図書館関係者が認識しているからである。

ラトヴィアの図書館法には児童サービスについての記述があり、そこには次のように書かれている。

児童および若年者にサービスを提供する図書館は、コレクションの質の改善、児童および若年者の読書意欲の促進に向けた新しい情報技術の導入、ならびに児童および若年者の情報技術および情報リソースに関するスキル向上のために特別な注意を払う義務を負う。［欧文参考資料11］

この記述からも分かるように、児童サービスは図書館サービスの「要」なのである。

実際、ラトヴィアの公共図書館においては、子どもと若者は利用者の約三〇パーセント以上を占める「お得意さん」となっている。子どもたちは、図書館で読書をするだけでなく、備え付けられたボードゲームで遊んだり、インターネットを利用したり、工作のような創作活動を行ったりしているのだが、図書館がサービスとして一番力を入れているのは疑いもなく読書活動である。

ここからは、ラトヴィアの子どもを対象とした読書推進活動のなかで代表格と言える三つのプログラム、「子ども・若者・保護者による本の審査」、「ブックスタート」、「朗読コンテスト（Skaļās lasīšanas sacensības）」を取り上げてみたい。

「子ども・若者・保護者による本の審査」

これは、オランダで一九八八年にはじまった子どもによる図書の審査会で、現在ではヨーロッパ各国に広まっている。ラトヴィアでも、「子ども・若者・保護者による本の審査」という名前で二〇〇〇年から開始され、すでに二〇年以上が経過している。

このプログラムは、文化省とラトヴィア国立図書館児童文学センター（八四ページ参照）が主催している。カテゴリーは「五歳以上のグループ」、「九歳以上のグループ」、「一一歳以上のグループ」、「一五歳以上のグループ」、「保護者グループ」という五つのグループに分かれている。

「本の審査」は、ひと言でいうと、子どもによる児童図書の推薦制度である。プロジェクトの目的は、子どもたち自身がおもしろいと感じた本を選ぶ点にある。よく言われることだが、大人が読んでほしい本と子どもが実際に好む本にはしばしばギャップがある。大人がよいと思う本は、必ずしも子どもが好きな本とはならないし、逆に子どもから圧倒的に支持されている本を大人の視点から見ると、子どもにあまり読ませたくない本であったりするものだ。オランダ発祥のこのイベントがヨーロッパの図書館に普及したのは、読書推進にとどまらず、本を出版したり、推薦したりする大人側に「気付き」をもたらす効果があったからである。

ヨーロッパ各国で開催されている「本の審査」では、推薦図書を子どもたちが自由に選んでいる。しかし、ラトヴィアの場合は、児童書の専門家が推奨するリストのなかから推薦図書を選ぶことになっている。そこが、ほかの国と大きく異なる点である。専門家がある程度まで対象を絞ったうえで子どもたちによる審査が開始される。この方法には賛否両論があるかもしれない。もう一つ特徴的なのは、ほかの国では「子ども限定」となっている推薦者のカテゴリーに「保護者」が入っている点である。

子どもが「本の審査」に参加するには、図書館や学校単位での応募が必要である。プログラムに参加する図書館や学校は、国、地方自治体、協賛組織の予算によって購入された最新の候補図書一式を受け取ったうえで審査を進めていく。参加者は、毎年一月末までに自分が該当する年齢別カテゴリーの本を読み、オンラインでアンケートに回答する。そのアンケートを児童文学センターがまとめ、三月に結果が発表されることになっている。

二〇二二年には、八五二館の図書館と三六一校の学校が「本の審査」に参加し、新刊図書を読む機会を得た。また、国外のラトヴィア関係教育機関（ラトヴィア・ディアスポラ機関）三〇か国七一機関を含め、二万人以上がプログラムに参加したと報告されている。

二〇二二年に公的資金でプログラムのために購入された図書は三万三〇〇〇冊を超え、文化省および「欧州社会基金プロジェクト」から助成された予算は一八万四〇〇〇ユーロ（約二九〇〇万円）と過去最大となっている［欧文参考文献12、28ページ］［欧文参考資料7］［欧文参考資料28］。

二〇二三年度の「五歳以上のグループ」の候補図書には、詩集、絵本、身近にあるものの価値を子どもに再考させる物語のほか、スペインの少数話者言語であるカタルーニャ語からの翻訳図書が含まれていた。「九歳以上のグループ」の候補図書には、おとぎ話、冒険話、リトアニア、エストニアの作家の作品、「一一歳以上のグループ」には、詩集、ウク

「子ども・若者・保護者による本の審査」についての資料を集めたコーナー（リーガ中央図書館本館）

ライナでの戦闘をテーマとした図書、幻想文学やエストニアの作家の作品、「一五歳以上のグループ」の候補図書には、ラトヴィアのファンタジー作品、ドイツ、フランス、リトアニア、スウェーデンの作家の作品、そして「保護者グループ」の候補図書には、ソ連の占領下であった一九八〇年代における市民の日常生活を扱った図書やラトヴィアの作家の小説、フランスやスロバキアの作家の図書が含まれていた［欧文参考資料28］。

「本の審査」は、新しく刊行された図書を読者の手に渡りやすくするという仕組みでもある。そして、子どもたちが読書後に内容をフィードバックすることで、作家、イラストレーター、翻訳者、出版社に読者の

「子ども・若者・保護者による本の審査」のコーナー（トルニャカルンス分館）

「子ども・若者・保護者による本の審査」の対象となる図書が一覧できるポスター

出典：［欧文参考資料６］

声を届けることにも役立っている。ラトヴィア文学についての多数の著作がある黒沢歩氏（一四一ページで詳述）は、「子ども・若者・保護者による本の審査」に関して、「同賞の過去の受賞作を俯瞰すると、海外の翻訳作品から次第にラトヴィア語作品に移行していることから、同賞がラトヴィア語の読者を育成している」［和文参考文献4、25ページ］とも評している。

ブックスタート

読書推進活動の二番目のプロジェクトとして「ブックスタート」を紹介しよう。「ブックスタート」とは、イギリスのバーミンガムで一九九二年にはじまった乳幼児と保護者を対象とした読書推進活動である。ブックスタートは、成長過程の初期段階で読書に親しむ習慣をつけるために、子どもとその保護者に図書を配付するというシンプルな試みであり、現在では世界中で実践されている。

ちなみに日本では、「NPOブックスタート」が中心となって、〇歳児健診などの機会に自治体が乳幼児と保護者を対象に絵本を無料で提供する事業として、全国の保健所や図書館で活発に実施されている［和文参考資料1］。

ラトヴィアでは、三歳から四歳の未就学児と、その保護者に図書館の活動を紹介する機会として、児童文学センターが二〇一四年からブックスタート事業を開始した。ラトヴィアのブックスタート事業は、図書館で読書への動機づけを図ることで家庭での読書を促進することを目的としている。「ブックスタートセット」は、フクロウの模様がついたリュックサックにまとめられており、その中には、読み聞かせ用の図書、保護者向けの小冊子、ポーチが入っている。

ブックスタート用の図書として選ばれたのは、詩人イネセ・ザンデレ（Inese Zandere）と画家ルータ・ブリエデが読書、図書館、本の楽しさを描いた絵本『本にはくちばしがあるの？（*Vai grāmatai ir knābis?*）』である。保護者向けの読書に関する小冊子『共に読むことは子どもと親を結び付ける（*Bērnus un vecākus tuvina kopīga lasīšana*）』［欧文参考文献４］には、人格形成に与える読書の重要性が示されており、児童文学の選び方についてのアドバイスが書かれている。

三歳の子どもをもつ家庭に対して近隣図書館への招待状を送り、来館時に図書館員が児童コーナーを案内し、子どもの年齢に応じた本や教育ゲームを紹介するという流れがラトヴィアでのブックスタートの基本となっているが、図書館ごとに図書館員が中心となって基本プログラムに独自のアレンジを加えてブックスタートプログラムを実施している。

ブックスタート保護者用のパンフレット『共に読むことは子どもと親を結び付ける』
出典：［欧文参考文献４］

ラトヴィアでは、ブックスタートの狙いを

「子どもが熱心な図書館利用者になること」に定めているため、各館で実施されるプログラムには、図書館の紹介や利用方法の説明が含まれていることが多い。子どもたちは、両親や祖父母と一緒に参加し、お話を聞いたり、工作やゲームや歌などの活動を通してプログラムを楽しんでいる。

二〇二二年には、ウクライナからラトヴィアに移住した子どもたちがブックスタートに参加できるように、ブックスタートセットにウクライナ語の読み物が入るようになった。これは、出版社「リエルス・ウン・マス（Liels un mazs）」の寄付によって実現したものである。

全国朗読コンテスト

読書推進活動の第三番目のプロジェクトは「全国朗読コンテスト」である。ラトヴィアでは、男子児童が女子児童に比べて読解力が大きく遅れをとっていることが明らかになっているが、この「朗読コンテスト」は、男子児童を読書に巻き込むことを意識してはじまったものである。「本の審査員」と同じくオランダが発祥のプログラムで、オランダではすでに二五年以上続いており、これまでに一〇〇万人以上が参加した大規模な読書イベントになっている。

ラトヴィアでは、ラトヴィア新国立図書館が主催する形で、二〇一七年からラトヴィア児童青少年文学評議会（Latvijas Bērnu un jaunatnes literatūras padome）とラトヴィア全土の図書館、および学校の連携によって実施されてきた。学校でのコンテストを経て、地方選手権を勝ち抜いた約三〇名がラトヴィア新国立図書館で開催される決勝戦で競い合い、「全国朗読チャンピオン」を選出している。

　子どもたちが朗読する作品に関しては、自分の好きな文章を選ぶことになっている。選ばれる作品は、古典から現代の作品までと幅が広く、そこには翻訳書も含まれる。

　発表は、最初の三分間で自己紹介と作品の簡単な紹介や選んだ理由を話し、その後、文章の朗読を行うという流れになっている。審査ポイントは、明確な言葉遣い、聴衆を魅了するストーリー展開、抑揚、聴衆とのコミュニケーション、そして自らの声が自然に使えているかなどである。大袈裟なジェスチャー、音声を故意にコントロールすることはマイナス評価となるが、言い間違いなどは許容されている。

　学校、地方大会、全国大会という三段階の審査を勝ち抜いた朗読チャンピオンは、ラトヴィア新国立図書館の児童文学センターの「児童館長」という称号を得て、その年のさまざまな読書イベントに参加するほか、児童文学や図書館

全国朗読コンテストのポスター
出典：[欧文参考資料45]

サービスを評価したり、メディアに対して意見を述べる資格を得ることになる。また、チャンピオンが選ばれた学校には図書が贈呈されるという。

二〇二三年の朗読コンテストの様子

二〇二三年は、一一歳から一二歳の小学校五・六年生の五〇〇〇人以上が朗読コンテストに参加した。最終コンテストの出場者は、女子一五名、男子一五名だった。コンテストはインターネットでライブ中継されるので、ほかの国々も含めて数千人が視聴していたという。

第一位になったのは、スミルテネ高校（小中高一貫校）のフゴ・パカルンス（Hugo Pakalns）さんで、小さいころにお気に入りだったドイツ人作家のゲルハルト・ホルツ＝バウメルト（Gerhard Holtz-Baumert）の『アルフォンス・トリーツヴァイジンシュ――ある不運な人の物語（*Alfons Trīcvaidziņš. Kāda neveiksminieka stāsti*）』を朗読した。

二位はバウスカ国立ギムナジウムのアメーリヤ・カナシュチェ（Amēlija Kanaške）さんで、J・K・ローリング（J. K. Rowling）の『ハリー・ポッターと賢者の石（*Harry Potter and the Philosopher's Stone*）』（邦訳：松岡佑子訳、静山社、一九九九年）の朗読であった。カナシュチェさんは、ハリーポッター・ファンクラブで活動しているそうだ。

三位はヴァイニョデ高校のレンディヤ・ローゼンバハ（Rendija Rozenbaha）さんで、レイチエル・ルネ・ラッセル（Rachel Renée Russell）の『ニキヤの日記——あまり幸せではない人生の物語（*Nikijas dienasgrāmata. Ne pārāk laimīgas dzīves stāsts*）』を朗読した。

入賞者三名のうち、二名が翻訳書を選んでいる。リトアニアやエストニアなど近隣諸国の本のほか、現代ラトヴィア作家の作品も積極的に選ばれているのだが、コンテストの目的が、子どもが主体となる読書の推進にあるため、朗読対象となる作品に関しては参加者自身の選択が尊重されている。

全国規模で実施される朗読コンテストは、ラトヴィアの重要な文化行事として、国家文化資本基金、ラトヴィア新国立図書館、ラトヴィア児童青少年文学評議会が後援団体となっているほか、全国大会への出場者には、「ヤーニス・ローゼ（Jānis Roze）書店」と「ズヴァイグズネＡＢＣ（Zvaigzne ABC）出版社」からギフトカードが送られることにもなっているので、まさに官民一体となったコンテストと言える。

ラトヴィアにおける子どものためのサービスの特徴

紹介してきた三つの代表的な読書推進プログラムは、いずれも他国の図書館で行われていた実践をラトヴィアの図書館に導入したものである。民主主義国家として、本格的な図書館サービスの開始がソ連からの独立後となったラトヴィアでは、児童プログラムにかぎらず、デンマーク、スウェーデン、ノルウェー、フィンランドなどの北欧諸国を中心に、図書館界における優良実践例を常に研究しながら取り入れてきた。しかし、どのプログラムも、導入にあたってはラトヴィア図書館ならではの工夫がうかがえる。

たとえば「本の審査」では、優良図書リストがあらかじめ用意されており、子どもたちはそのリストから自分の好きな本を選ぶようになっており、子どもと本との出合いに関する教育的な配慮が強く働いている。また、参加者をラトヴィア国内だけでなく世界各地のラトヴィア・ディアスポラ・コミュニティー（一五ページ参照）にまで広げたことは、ラトヴィア言語と文化の維持・継承の点からもユニークな試みと言える。

一方、ブックスタートプログラムでは、単に読書推進にとどまらず、子どもが図書館の利用者になってもらうことを明確に意識した形でプログラムが設計されている。そのため、地域ごと、図書館ごとに、異なる内容のブックスタートプログラムが実施されている。そして、朗読コンテストに関していえば、最終コンテストの場所を提供するなど、新国立図書館がイベント自体を全面的に支援している。

つまりラトヴィアでは、国外ですでに定着した読書推進の方法に独自の改良を加えたうえで独創的な活動として発展させるという形で子どもの読書推進活動を進めてきたのだ。これらのプログラムを主導する機関が、一九九八年に設立されたラトヴィア新国立図書館内に設置されている

「児童文学センター」である。ここはラトヴィア児童文学を研究する研究所でもあり、読書推進プログラムを開発するシンクタンクとしての役割を果たすことで、ラトヴィア図書館界の児童サービスにおけるレベル向上を目指している。

図書館でセラピー犬と読書する

近年、図書館で実施されるようになったユニークなプログラム「読書犬セラピー」のラトヴィアにおける実践例も紹介しておきたい。

社会福祉施設や学校などで活動する介助犬は日本でも知られるようになってきたが、最近は、公共図書館でもセラピー犬が子どもたちの読書活動をサポートするようになっている。図書館における読書犬プログラムを最初に導入したのはアメリカだが、ヨーロッパを中心に、世界各地の公共図書館において、子どもが読書犬と一緒に読書をするというプログラムが実施されている。(5)

読書犬プログラムは、読書に苦手意識をもっていたり、文字認識が困難、ストレス過多の子どもが、犬に本を読み聞かせることで精神的に落ち着いたり、自己効力感を高めることを目的とし

(5)『動物がくれる力 教育、福祉、そして人生』には、日本の図書館での読書犬プログラムの様子が紹介されている。［和文参考文献2］

て公共図書館で実施されている。

ラトヴィアでは、この読書犬プログラムは「ドッグセラピーのセッション（Kanisterapijas nodarbibas）」と呼ばれており、言語や感情の発達に問題を抱える子どもが、そうした困難を克服して読書に親しめるようになることを目的として行われている。ラトヴィアの公共図書館に読書犬を導入したのは、アメリカでセラピーの教育経験があるエリザベテ・サンダ・エゼ（Elizabete Sanda Eze）氏である。

読書犬プログラムは大人気であり、一度に三〇人以上の子どもが集まることもあるそうだが、子どもたちが本を読み聞かせる間、犬は忍耐強く子どもに寄り添っている。時には寝てしまう犬もいるが、子どもたちは犬と穏やかな時間を過ごすことで、音読と犬への苦手意識が克服できるようになるという。読書犬プログラムを通して子どもたちはポジティブな読書体験が得られるので、読書スキルの向上につながると考えられている。

4　ラトヴィア公共図書館におけるITサービス

次は、ラトヴィアの公共図書館が独立後に大きく躍進を遂げるきっかけともなった「統一図書館情報システム」、通称「光のネットワーク」と電子書籍プロジェクトを中心に、ラトヴィアの公共図書館におけるITサービスについて見ていくことにしよう。

インターネット整備プロジェクト「光のネットワーク」

ソ連からの独立後に実施された多様なプロジェクトのなかで、図書館界にとってもっとも重要な位置づけとなったのが、全国規模で展開されたインターネット環境の整備事業である。「三番目の息子」と名付けられたインターネット整備プロジェクト（五三ページ参照）は、二〇〇〇年にマイクロソフトの創業者であるビル・ゲイツが立ちあげた「ビル・アンド・メリンダ・ゲイツ財団」の助成によって開始され、ラトヴィア図書館界の基幹プロジェクトとなった。国、自治体、財団が共同出資した事業を通じて、全国の公共図書館にインターネットアクセス環境が整備され、すべての国内居住者は、図書館を通じてインターネットにアクセスできるようになった。

財団が援助を開始して一〇年ぐらいが経ったころに、ビル・アンド・メリンダ・ゲイツ財団が広報のために作成した動画がある［欧文参考資料59］。この動画には、「光のネットワーク」と名付けられたインターネット回線によって恩恵を受けた人びとが次々に登場する。たとえば、図書館員に手助けしてもらいながら図書館のコンピュータで遠隔地に住む子どもたちとコミュニケーションを取っているビーツ栽培農家の女性は、動画のなかで「子どもと話したいと思ったときには図書館に行きます。スカイプを使うと、子どもとおしゃべりができるんです。すばらしいことですよね。それ以外の方法では会うことができないから……。コンピュータ上で子どもと会うことができるんです」と嬉しそうに語っている。

一方、製材所のオーナーは、図書館に行って株価や経済情報をチェックしている。そして、「図書館でインターネットにアクセスして情報を得ることは、自分のビジネスにとって直接的な利益をもたらします。（図書館に行ってインターネットにアクセスすることは）情報を入手するためのもっとも早い方法です。ビジネスの損益は、情報入手に左右されるので……」と、図書館での情報収集の利点を強調している。

独立後のラトヴィア社会にもっとも必要だったのは、誰もが正確な情報を平等に入手できるようにすることであったが、図書館に敷設された「光のネットワーク」は、まさにそうした目的を果たすための唯一無二の拠り所として機能していくことになった。

電子書籍プロジェクトの展開

開始から二〇年以上経った現在、このプロジェクトは「三番目の息子 e-book ライブラリー」として展開されている。公共図書館に登録するだけで、コンピュータ、タブレットまたはスマートフォンを使って電子書籍が無料で読めるのだ。そして、新型コロナウィルス感染症で図書館が閉鎖された二〇二〇年、「三番目の息子 e-book ライブラリー」は、市民が質の高い文学に無料で接することを可能にし、急成長を遂げた。[6]

図書館界では、「三番目の息子 e-book ライブラリー」を、ソ連から独立後のもっとも成功した文化プロジェクトと位置づけている。二〇〇〇年からラトヴィア図書館界では、国中にデジタルネットワークを築くことに取り組んできたわけだが、パンデミックという事態に直面したとき、その真価が発揮されたことになる。「三番目の息子 e-book ライブラリー」に登録した人の一〇パーセントが過去二年の間に図書館を訪れていなかったという事実は、この新たな仕組みが図書館に利用者を呼び戻したことを示している。

電子書籍サービス PR ポスター「もう電子書籍を読みましたか？」と書かれている

(6)　パンデミックの発生以前、電子書籍サービスを受けられるのは図書館カードを持っている住民にかぎられていたが、パンデミックによって、図書館の建物が閉鎖された時期には、電話や電子メールによる図書館カードの申請を受け付けた。利用者は月に最大一八冊の電子書籍が読めるほか、一冊の図書へのアクセス数には制限が設けられていない。

五年目を迎えた電子書籍システム

パンデミック期を挟んだこの五年間、各地域の公共図書館がデジタルライブラリーの利用法を積極的に伝えたことで、ラトヴィア国内の電子書籍利用者は確実に増えていった。また、世界中に離散しているラトヴィア語話者がデジタルライブラリーにアクセスしたことで、ラトヴィア語の読書コミュニティーが世界中に形成できるようにもなった。

二〇二四年一月、「三番目の息子 e-book ライブラリー」は開始から五年を迎えた。五年間の累積登録者数は約二万人、ダウンロード回数は一五万回を超えている。このシステムはラトヴィア文化省によって運営されているのだが、文化大臣アグネセ・ロギナ（Agnese Logina）氏は「デジタルライブラリーは、知識と好奇心の障壁を減らすための手段です。移動せず、経済的な負担もなく書籍にアクセスできるので、社会的不平等が軽減されます」と述べ、電子書籍システムがラトヴィアの文化向上に資することを強調している。

「三番目の息子 e-book ライブラリー」にコンテンツを提供している出版社は、「ズヴァイグズネABC」、「マンサルツ（Mansards）」、「プロメテウス（Prometejs）」、「ラトヴィア・メディア」、「ユマヴァ（Jumava）」である。また、二〇二三年度にもっともよく読まれたのは、ヘリエタ・タイセ（Herieta Taise）のスリラー小説『赤いオレンジ（*Sarkanais apelsīns*）』、ディーリア・

オーウェンズ（Delia Owens）のミステリー『ザリガニの鳴くところ（*Kur vēži dzied*）』、ディアーナ・セテルフィールダ（Diāna Seterfīlda）の小説『第一三話（*Trīspadsmitais stāsts*）』であった〔欧文参考資料49〕。

パンデミックによってラトヴィアの図書館のＩＴ化が大きく前進

ラトヴィア国立図書館開発局図書館開発センター（LNB Attīstības departamenta Bibliotēku attīstības centrs）は、二〇二一年八月に「COVID-19とラトヴィアの図書館の教育活動――二〇二〇年の傾向」という報告書をまとめている〔欧文参考資料29〕。

この報告書では、新型コロナウイルス感染症の流行後の図書館界について、オンライン・サービスに焦点を当てて描き出されている。まず、パンデミック期間中に図書館員のオンライン・サービスへのスキルが飛躍的に伸びたことを報告し、そのことは、「まちがいなくコロナ禍における恩恵であった」と結論づけた。

パンデミック期の初期には、利用者のＩＴにかかわるニーズはコンピュータの使い方からオンライン上の行政サービスの手続きの仕方まで、多岐に及んだ。図書館員は、利用者が抱えるあらゆる問題を解決するために支援を継続した。しかし、ある時点から、利用者自身が自立してコンピュータが使えるようになり、図書館員に助けを求める機会が減っていることに気付いたという。

図書館ではＩＴ技術にかかわる実務的な相談に答えるだけでなく、利用者がデジタルスキルを通じてより創造的な活動に取り組めるようなイベントも企画した。たとえば、図書館や類縁機関がもっている情報、ラトヴィア新国立図書館やラトヴィア国立公文書館（Latvijas Nacionālais arhīvs）、国立映画センターのデジタルコレクションの紹介、そしてプログラミング教室やコンピュータグラフィック講座の開催である。そのなかでも、情報格差を解消することが公共図書館に課されたもっとも重要な課題であった。

利用者からのＩＴ技術にかかわる個別相談に乗るだけでなく、自治体の情報技術部門の専門家にも応援を頼めるような体制を構築した図書館もあった。また、パンデミック期には、利用者のデジタルサービスを支援する図書館員にとっても初めての経験が多かったため、図書館員のスキルアップを目指す研修プログラムが活発に開催されるようにもなった。その研修の大部分は、新国立図書館が担っている。

高齢者へのリテラシー支援

高齢者へのリテラシー支援は、近年、ラトヴィアの公共図書館がとくに力を注いでいるサービスである。図書館界がリテラシー教育に取り組むようになったきっかけの一つは、パンデミック期に高齢者がフェイクニュースを信じてしまうという社会問題が浮上してきたことである。文化省の調査によると、回答した六五歳から七四歳の二五パーセントが、信頼できる情報とフェイク情報を区別するための知識が不足していることが明らかになった。この事態を重く見た文化省は、フェイクニュースを克服するためのキャンペーンを実施している。

図書館員は、高齢者から寄せられる情報にかかわる問題に的確にこたえることが期待されているし、問題が寄せられる前に、積極的に情報発信を行って、高齢者のメディアリテラシーを高めていくことも大いに期待されている。

この問題に関していえば、ラトヴィアシニアコミュニティー協会などの高齢者団体も取り組んでいるが、自治体の公共図書館もまた、高齢者のメディアスキルの向上に資する重要な教育機関として認識されている。たとえば、イェルガヴァ市立図書館（Jelgavas pilsētas bibliotēka）とリエパーヤ中央科学図書館（Liepājas Centrālā zinātniskā bibliotēka）では、デジタルスキルの独習ができるように機器を設置し、ボランティアが高齢者にＩＴ技術を教えるというカリキュラムが設けられている。

高齢者の情報リテラシー向上にかかわる図書館員のスキルを上げるために、ラトヴィア国立図書館図書館開発センターは、二〇二三年、文化省の助成により「スマートメディアリテラシー──高齢者と一緒に働く図書館員のためのヒント（*Ar viedumu medijpratībā: padomi bibliotekāriem darbā ar senioriem*）」をオンラインで刊行した［欧文参考文献15］。ガイドブック

コ・ラ・ム

日用品を載せて高齢者のもとに向かう図書館バス

さまざまな理由によって図書館に行けない利用者に対して、図書館が近づくことでサービスを提供する方法を、図書館界では「アウトリーチサービス」と呼んでいる。移動図書館はその代表例となる。ラトヴィアでは、主に農村地区を中心に移動図書館が活躍している。1997年に最初の移動図書館を運行したオグレ中央図書館（Ogres Centrālā bibliotēka）館長のヤウトリーテ・メジュヤーネ（Jautrīte Mežjāne）氏は、「移動図書館は自分たちの図書館の最大の誇りだ」と語っている。

国立図書館と文化省が公募したプロジェクトコンペに申請し、優勝したことがきっかけでオグレ中央図書館に移動図書館が導入された。最初の移動図書館は、ノルウェー公共図書館評議会から寄贈された車両だった。移動図書館の担当者は、常連利用者の図書の好みを熟知しており、利用者に合わせた資料を届けるようにしている。毎回の運行で、移動図書館がどれほど期待されているかを感じているという。

移動図書館サービスは、明らかに利用者にとって有益であり、移動図書館が唯一アクセス可能な図書館となっている住民もいる。このように重要な役割を果たしている移動図書館ではあるが、ガソリン代や修理費用が嵩むといった課題も抱えている［欧文参考資料21］。

さらに一歩踏み込んだサービスをしているのが、グロビニャ県（Grobiņas novads）の移動図書館である。月に４回、４種類のルートで農村部を回るブックバスは、図書だけでなく医薬品や食料も配付している。もちろん、ブックバスで無料のインターネット回線を使うことも可能である。農村部に住む高齢の利用者にとっては、ブックバスが唯一の図書へのアクセス手段となっているという[注]。

（注）移動図書館の様子は動画で視聴できる。［欧文参考資料８］

の執筆には、メディアリテラシーの専門家、サイバー犯罪研究者、そして情報スペシャリストなどが参加している。

このガイドブックは六つのセクションから構成されており、高齢者の日常生活への理解、図書館員の仕事におけるメディアリテラシーの重要性、リテラシー取得のための学習プログラムの組み立て方、教え方の実践的なヒントに関して詳細な解説がある。

利用者にコンピュータの使い方を教える図書館員（右側）（リーガ中央図書館本館）

第4章

光の城・ラトヴィア新国立図書館

ラトヴィア新国立図書館外観

本章では、二〇一四年にラトヴィア文化の牙城として開館したラトヴィア新国立図書館を取り上げたい。新国立図書館が誕生した経緯、図書館の基礎データ、提供されているサービスなどを紹介したあと、館内の様子を詳しく見ていくことにする。

1 「光の城」の誕生

ラトヴィアでは、図書館は知識を照らす場所という意味を込めて「光の島」とか「光の点」と呼ばれている。ダウガヴァ川（Daugava）のほとりに位置するラトヴィア新国立図書館はその象徴とも言える存在である。この図書館は、構想段階から「光の城」という愛称が設計者によって付けられていた。今では、この名称はラトヴィアの人びとの間でよく知られている。

ラトヴィア独立後、もっとも重要な文化プロジェクトの一つとして新国立図書館が完成したのは二〇一四年。八月二九日の開館に先立つ二〇一四年一月一八日には、零下となった気温のなか、旧国立図書館から新国立図書館へと、市民が手渡しで本を運んだことが国際的なニュースとして図書館界をかけめぐった（一二九ページの写真参照）。ラトヴィア独立から二〇年以上を経て、悲願であった本格的な「ナショナルライブラリー」を稼働させた記念すべき年となった。

新国立図書館を設計したのは、ラトヴィア人建築家グナールス・ビルケルツ（Gunārs

Birkerts, 1925~2017）である。一九二五年にリーガで生まれ、第二次世界大戦中にドイツにわたり、シュトゥットガルト工科大学で建築を学んだ。大学卒業後、一九四九年にアメリカに渡り、デトロイトで自身の建築事務所を設立したほか、ミシガン大学で教鞭を執っている。

ビルケルツは、大学、銀行、学校、教会、文化施設の建築を精力的に手掛けており、ラトヴィア新国立図書館は、図書館建築としては一九番目であった。ガラスとスチールが重ね合わされたピラミッド型の建物は、見た人の心に強い印象を与える斬新なデザインとなっている。すぐ近くを流れるダウガヴァ川の水位の上昇を考慮して、図書館の保存書庫は地上六メートルのところから設置されており、建物の高さは六八メートル、総面積は約四万平方メートルである。

ビルケルツが設計を依頼された当時、ラトヴィア国内ではソ連からの独立運動が最高潮に達し、ラトヴィア文化復興の気運が高まっていた。ビルケルツは図書館のデザインにあたって、ラトヴィアの民間伝承、歴史、文学、音楽、芸術からインスピレーションを得たという。その結果、建物はラトヴィアの文学作品、民間伝承を比喩的に包み込むこととなった。たとえば、ライニス（九一ページ参照）の戯曲『黄金の馬（Zelta zirgs）』に登場するガラスの城、ヤーゼプス・ヴィートルス（Jāzeps Vītols, 1863~1948）が作曲した合唱曲『光の城（Gaismas pils）』などが新国立図書館のデザインの源となった[1]。

建物の正面がバルト海諸国を象徴する白樺林を表象するなど、建築様式もまたラトヴィアの伝統的な造作が最大限に生かされている「光の城」は、ラトヴィア人のアイデンティティを体現化した建物として完成し、ラトヴィアでは知らない人がいないほど有名な場所となった。

館内は、自然光が最大限に生かされるよう吹抜けとなったアトリウムを中心にして、周囲に閲覧室や職員執務室が設けられている。表側は金属とガラスでできているのだが、館内に入ると、そこには温かな雰囲気が満ちている。その理由は、内装に木材がふんだんに使われているからである。

書架からゴミ箱に至るまで、すべての什器が白木に近い木製品で整えられている。これらは、新国立図書館のために特注されたものである。各階のテーマカラーはラトヴィアの旧紙幣であるラッツ（lats）の色で統一されており、一階がグレー、中二階が緑、二階が水色、四階がえんじ色、五階が黄土色、六階が紺色、七階が朱色、八階がオレンジ色となっている。

光の城（近景）

このような、ラトヴィア言語・文化のシンボルである「光の城」をできるだけ詳しく紹介していこうと思うが、まずは新国立図書館の歴史的経緯、現状、そしてコレクションの規模やサービスの実態を示したうえで、実際の様子を写真とともに見ていくことにする。

新国立図書館「光の城」ができるまで

それでは、まず国立図書館の歴史についてまとめていこう［欧文参考文献20］［欧文参考資料23］［欧文参考資料35］。

ビルケルツが最初にラトヴィア新国立図書館のスケッチを描いたのは一九八九年であった。そこから二〇一四年のオープンまで、実に四半世紀もの年月を要しているが、そもそも新国立図書館ができる前、ラトヴィアの国立図書館はどのような

(1)　合唱曲『光の城』は「歌の祭典」の歴史のなかでもっとも多く歌われた作品であり、ラトヴィアの文化的アイデンティティの一つと位置づけられている。

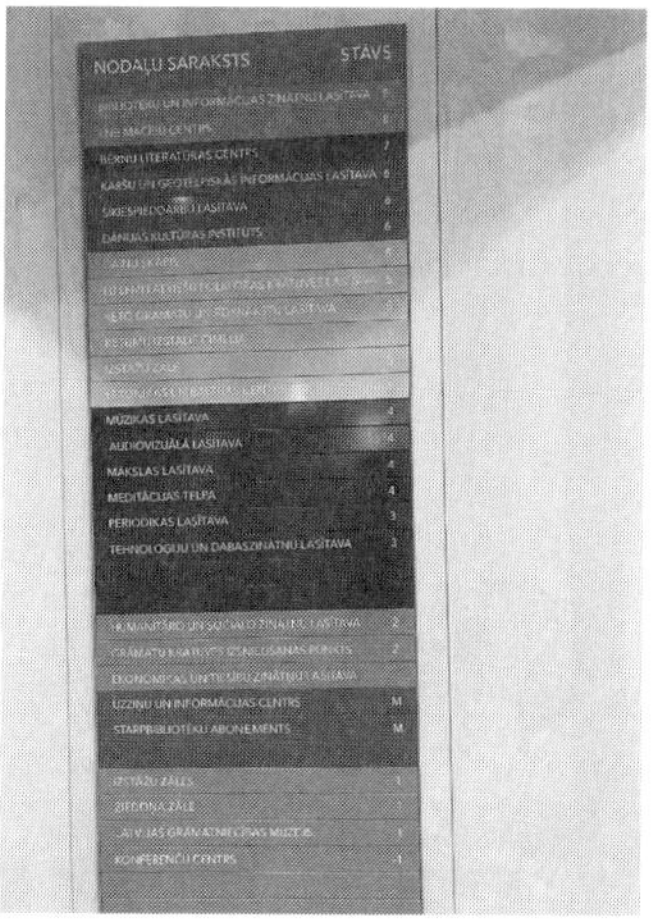

旧紙幣ラッツの色のフロアープラン

開放感があるエントランス

ものであったのだろうか。

国立図書館が設立されたのは、ラトヴィアがロシアからの独立を果たした翌年の一九一九年のことである。司書で、ラトヴィア語やラトヴィア文化に関する書物蒐集家でもあったヤーニス・ミシンシュ（Jānis Misiņš, 1862～1944）が初代館長に就任した。その後、長きにわたって、国立図書館の資料は四〇か所近くの建物に分かれた状態で管理されていた。しかも、図書館として使われていた建物は、銀行、住宅、工場、地下室などであり、図書の重量に耐えられるように設計されていなかったため、図書だけでなく建物にもダメージを与えていた。

そのような状況のなか、新しい図書館建築の議論が第一次独立期からはじまり、ソ連時代を通じて続き、二度目の独立を果たした一九九〇年代まで引き継がれた。一刻も早く独立した建物を確保することが望まれてはいたものの、独立後のラトヴィアには図書館の建築以外にも果たすべき課題がたくさんあり、新国立図書館の建築計画はなかなか前進しなかった。

一九九九年、ユネスコ（国連教育科学文化機関）が新国立図書館の財政的支援を決定したことがきっかけで、ようやく計画が動きはじめることになった。ユネスコが国家的レベルの図書館を支援したのは、エジプトの「新アレクサンドリア図書館（Bibliotheca Alexandrina）」[2]に次いで二度目のことである。

光の道——本の愛好者の鎖

国民の悲願ともいえるラトヴィア新国立図書館の開館は二〇一四年八月に決まった。開館に先立ち、二〇一四年一月一八日に最初の資料の運び入れがはじまった。資料を移動させる日は晴れていたものの、マイナス一五度という極寒の日。そんな日に、約一万五〇〇〇人もの市民が旧館から新館まで手渡しで資料を移動させた。列の長さは、およそ二キロメートルに及んだという。世界中の図書館関係者が新国立図書館「光の城」を知るところとなった「光の道：本の愛好者の鎖（Gaismas

（2）　アレクサンドリア図書館は、紀元前三世紀にエジプトに存在した世界最大級でヘレニズム時代の知の中心とされた古代図書館。二〇〇二年にユネスコの支援を得て、新アレクサンドリア図書館として復活した。

本を手渡す人びとの列（写真提供：National Library of Latvia）

cełš–grāmatu draugu ķēde)」である。(3)

新国立図書館の職員として開館セレモニーにかかわった現リーガ中央図書館館長のジドラ・シユミタ(九五ページ参照)さんは、「旧館から新館に本を運ぶアイデアを出したのは館長でしたが、図書を手渡しで運ぶこと自体は、ラトヴィアの図書館ではごく普通の方法なんです」と語っている。図書館の現場では、図書を移動させることがよくあるが、そんなとき、ラトヴィアでは手渡し方式が日常的に行われてきたというのだ。

現在、新国立図書館の職員で「光の道」が行われたときにはまだ幼少だったという人に、次のように尋ねてみた。

「とりわけ寒い日だったと聞いていたけど、なぜ一万人を超える市民が屋外での図書の運搬に参加したのでしょうか?」

「みんな、新国立図書館の開館を心の底から待ちわびていました。その強い気持ちに比べれば、寒さは問題にならなかったのではないでしょうか」

という答えが返ってきた。もちろん、この

寄贈書が収められた「人びとの本棚」

「光の道」のニュースを聞いて、一九八九年八月二三日にバルト三国の首都を結ぶ道を覆い尽くした「人間の鎖」（xiiiページ参照）を思い出した人が多かったことだろう。

人びとによって手渡しで運び入れられた図書二〇〇〇冊は、新国立図書館に設置された特別な書架スペース「人びとの本棚（Tautas grāmatu plaukts）」に収められている（一八三ページも参照）。

「光の道」一〇周年記念

二〇二四年一月一八日は、ラトヴィア新国立図書館のオープニングイベントとなった「光の道」から一〇年という節目の日であり、これを記念して一五時から記念イベントが行われた。図書館の訪問者が、一〇年前と同じく、四階の「人びとの本棚」まで図書を手渡しで運んだのである。

ラトヴィア新国立図書館の建設計画から現在まで図書館を支えたラトヴィア国立図書館支援協会は、一〇周年を記念して、ヤーニス・ドリペ（Jānis Dripe）の『ラトヴィア国立図書館――建築家グナールス・ビルケルツ（*Latvijas Nacionālā bibliotēka: Arhitekts Gunārs Birkerts*）』の初版を「人びとの本棚」に寄贈した。

（3）「光の道」の様子は動画で公開されている。［欧文参考資料31］

新国立図書館に対する評価

ラトヴィア国民の注目を集めて開館した新国立図書館であるが、批判がなかったわけではない。高額な建築費が主な批判の対象であった。また、新国立図書館の設置をめぐる政治的な議論が長期にわたって続いたせいで開館が遅れたことも批判された。さらに、交通量の多い道路に面していることがアクセス上の難点、と指摘された。

こうした批判があったとはいえ、「光の城」はラトヴィアの人びとに全面的に受け入れられたと言ってもよいだろう。そして、建築デザインとしての新国立図書館は高く評価され、数々の賞を受賞した。ロンドン・ブックフェアでの国際優秀賞、アメリカ建築家協会とアメリカ図書館協会・図書館建築優秀賞の受賞、ラトヴィア国内でのラトヴィア建築年次賞、リーガ市建築家事務所のリーガ建築賞の受賞（二〇一五年）などがその例である。

さらに、新国立図書館をモチーフとしたオペラ、ドキュメンタリー映画、図書なども次々に発表され、この図書館がラトヴィア社会に強い影響を及ぼしたことがうかがえる。

吹き抜け最上部の斬新なデザイン

2 ラトヴィア新国立図書館のサービス

ラトヴィア新国立図書館は、「ラトヴィア国立図書館に関するラトヴィア共和国法（Latvijas Republikas Likums par Latvijas Nacionālo bibliotēku）」〔欧文参考資料39〕にその位置づけが定められており、「ラトヴィア国立図書館規則（Latvijas Nacionālās bibliotēkas nolikums）」〔欧文参考資料37〕に基づいて運営されている。そして、図書館の使命として、ラトヴィア社会の教育と成長を継続的に支え、ラトヴィアの自立と民主主義を後押しすることが掲げられている。ここに掲げられた使命を、図書館は自らが保有するスペースや提供する資料、サービス、教育を通して果たしてきた。

新国立図書館のウェブサイトと毎年刊行されている年次報告書を参照しながら、新国立図書館の現状を見ていくことにしよう。次ページの**表4-1**は、新国立図書館に関する主要データである。

表に示したように、職員は三五一名となっているが、司書、書誌学者、研究者、資料修復専門家、電子化専門職員、情報技術専門家、キュレイター、デザイナー、イベント担当者、百科事典編集者、技術職員など、多彩な専門家によって構成されている。

表４－１　新国立図書館の主要なデータ

利用数	
登録利用者数	169,455
訪問者数	211,755
展示会訪問者数	37,561
オンライン訪問者数	3,752,689
貸出数*1	133,241
資料数	
図書	2,031,802
定期刊行物（雑誌）	896,262
視聴覚資料	85,143
マイクロフォーム	96,310
地図資料	45,011
楽譜	227,135
グラフィック ドキュメント	264,381
手稿	32,165
エフェメラ*2	647,351
その他	2,846
総数	**4,361,308**

電子資料	
電子書籍	9,852
電子雑誌	11,667
総数	**75,367**
職員	
職員（司書）	351（226）
2022年支出*3	
給与	6,011,638
社会保険、手当、報酬	1,580,892
コレクション	264,950
定期刊行物	11,714
サービス	3,447,578
デジタルサービス	1,207,176
総額	**14,125,620**

出典：[欧文参考資料１] から作成。

＊１　ラトヴィア新国立図書館では、一般利用者に対する図書の貸出は行っていない。

＊２　エフェメラとは、パンフレット、ポスター、ハガキなど、保存を意図せずにつくられた一時的な文書のこと。

＊３　単位はユーロ。

コレクションの概要

新国立図書館の資料数は、二〇二二年末時点で約四三六万点、電子資料約七万五〇〇〇点に達している。ラトヴィア語の資料を収集・保存し、利用に供することが新国立図書館の優先的な任務であるため、コレクションの中核は、ラトヴィア語資料とラトヴィア語に訳された翻訳資料、ラトヴィア人作家の作品となっている。主要なコレクションは**表4－2**のとおりである。

ラトヴィア新国立図書館と法定納本制度

ラトヴィアにかぎらず、世界の国々の国立図書館には、その国で刊行された図書がすべて集められている。これを可能にしているのが、国内で刊行された資料を一括して図書館（多くの場合は国立図書館）に収める「納本制度」という仕組みである。

ラトヴィアでも、「義務的複製資料法」という法律に基づいて納本制度が定められている。同法は、ラトヴィアの国家的文化遺産である紙の出版物とオンライン出版物に関して、永続的保存・処理・公共的使用を保障するための法律である。「義務的複製資料法」では、納本の対象となる資料の納入手続きや、ラトヴィア新国立図書館がオンライン出版物を収集・保管・提供するための手続きが定められている。

表4－2　新国立図書館の所蔵する主なコレクション

コレクションの種類	コレクション名
主題別コレクション	バルト東アジア研究センター図書館コレクション
	レファレンス資料コレクション
	児童文学資料コレクション
	図書館学資料コレクション
	経済・法律資料コレクション
	人文・社会科学資料コレクション
	科学技術資料コレクション
特別コレクション	地図コレクション
	ラトヴィア学およびバルトコレクション
	定期刊行物コレクション
	貴重書・写本コレクション
	楽譜・音楽資料コレクション
	視聴覚資料コレクション
	エフェメラ

出典：[欧文参考資料24］から作成。

新国立図書館のコレクションは
館内にも一部展示されている

古くから図書館で使われてきた
目録カードが収められている

海外からのコレクションの受け入れ

納本制度はラトヴィア国内の資料を収集するための手段であるが、それ以外の資料収集として、海外から資料の寄贈を受け入れる方法がある。二〇二二年は、カナダから詩人アルニス・チェクシス（Arnis Ķeksis, 1923～2005）の個人アーカイブ資料を約一〇〇〇点、アメリカからは芸術家で教育者のユリス・K・ウバーンス（Juris K. Ubāns, 1938～2021）の個人アーカイブ蔵書を約二〇〇冊、ラトヴィア建築家協会図書館から約六〇〇〇点の資料、そしてスウェーデン国立図書館が所蔵していた一四〇〇点を超える亡命関係の資料コレクションなどを受け入れている。

こうした国内外からの資料の受け入れによって、新国立図書館のコレクション点数は年々増加している。これらのコレクションの大部分は、温湿度管理がなされた五階の保存書庫に保管されており、閲覧室の開架書架で約三五万点の資料にアクセスすることができる。

デジタルコレクション――記憶を記録する

インターネットの発達に伴って各国の国立図書館にとって重要な任務となったのが、デジタルコレクションの構築である。ラトヴィア新国立図書館においても、デジタルコレクションの構築と維持が最重要課題となった。

とくにラトヴィアがソ連に占領されていた時代は、ラトヴィア文化が弱体化の一途をたどり、文化遺産が失われ続けた時期でもあった。そのため、独立後の図書館にはラトヴィア文化にかかわる情報を再収集・保存するという強い使命が与えられた。新国立図書館は、自館が収集した資料のデジタル化とデジタルデータの提供だけでなく、ラトヴィア全土の図書館が収集したデータをデジタル化して一元的に管理するために、デジタルライブラリーの構築に取り組んでいる。

新国立図書館のデジタルコレクションは、定期刊行物コレクションと書籍コレクションに大きく分けられており、新聞、地図、図書、楽譜、音声録音、写真、エフェメラ、写本などが資料として収められている。そのなかでも、「景観の宝（Ainavu dārgumi）」、「歌謡祭リポジトリ（Dziesmu svētku krātuve）」、「失われたラトヴィア（Zudusī Latvija）」、「産業遺産（Industriālais mantojums）」、「ラトヴィアの文化規範（Latvijas Kultūras kanons）」といった独自のコレクションは、占領期時代に失われた記憶遺産としてとくに貴重な資料となっている。これらの情報を集めるために新国立図書館は、全国の図書館はもちろん、一般市民への呼びかけも行っており、日々コレクションは成長を続けている。

「歌と踊りの祭典」のデジタルコレクション

ラトヴィアといえば真っ先に思い浮かぶのが、五年ごとに首都リーガで盛大に実施されている

「歌と踊りの祭典（Dziesmu un Deju svētki）」ではないだろうか。この祭典にはラトヴィア全土から合唱団と舞踏団がリーガに集まり、民族衣装に身を包んで歌い踊るという、世界に類を見ないイベントとなっている。「歌と踊りの祭典」の公式ホームページでは、「祭典はラトヴィア国民のアイデンティティを形成し、歴史の困難な時期を通じて、独立国家の理念を維持するうえで重要な役割を果たしてきた」と説明されている。

実際に祭典がはじまったのは、ロシア帝国の占領下にあった一八七三年のことである。ラトヴィアの歴史を映し出すこの伝統的な行事は、二〇〇三年にユネスコの世界無形文化遺産に認定されている。私が訪れた二〇二三年は、歌の祭典が二七回目、踊りの祭典が一

「歌と踊りの祭典」に関するコレクションの展示

デジタルコレクション「歌と踊りの祭典」の概要マニュアル
出典：［欧文参考資料33］

七回目、そして初めてイベントが行われてから一五〇周年に当たる記念的な祭典となり、日本から参加した合唱団を含め、参加グループは一六〇〇を超えたという。

ラトヴィア新国立図書館は、この「歌と踊りの祭典」のデジタルコレクションを維持している。同コレクションでは、祭典がはじまった一八七三年から現在までのイベント史を語る詳細なデータの閲覧が可能となっている。また、コンテンツはラトヴィア語と英語で提供されており、画像、ポスター、写真、出版物、楽譜、指揮者の回想など、イベントにかかわるアイテムが六〇〇〇点以上含まれている。

それぞれにとっての歌と踊りの祭典

第1章で紹介した『ソビエト・ミルク』の訳者である黒沢歩氏(4)（一〇四ページ）は、『木漏れ日のラトヴィア』という本のなかで、「歌と踊りの祭典」について以下のように語っている。

他民族による長期的な支配にもかかわらずラトヴィア語が維持されてきたのは、民謡によって歌いつながれたがゆえである。彼らにとって、ラトヴィア語を話すことだけがラトヴィア民族のアイデンティティの証だったのだ。喜びと悲しみを込めた歌と踊り、それは抵抗の意思の持続のための営みでもあった。［和文参考文献3、117ページ］

各地域には必ず合唱団（koris）、舞踏団（deju kolektivi）、フォークロアグループ（folkloras kopa）があり、それぞれの地域における歌と踊りの伝統を受け継いできた。

今回のラトヴィア訪問で出会った人たちに「歌と踊りの祭典」について尋ねてみたところ、それぞれが祭典に対して特別の思い出をもっていたのには驚かされた。リーガ中央図書館の館長であるジドラさんは、学生時代に「歌と踊りの祭典に参加したことがある」とのことだった。そのときの写真を私に見せて、「人生でこんな鮮烈な記憶はない」と当時の様子を嬉しそうに話してくださった。

ラトヴィアに住む人にとって、「歌と踊りの祭典」は本当にかけがえのない時間らしい。リーガに住んでいる多くの人たちが、会場に足を運んで祭典に参加する。参加したくても、チケットが入手できないという場合もある。そのため、リハーサルのチケットもあるそうだ。会場に行けなかった人の大多数は、テレビの生中継で祭典を観るか、リーガ市内のあちこ

（4）黒沢氏は、一九九三年に日本語教師としてラトヴィアに渡り、ラトヴィア大学の講師、通訳を経て、在ラトヴィア日本国大使館に勤務したという経歴があり、ラトヴィアの社会事情と文芸作品に精通している。

関連イベントでパフォーマンスの出番を待つダンスグループ

ちで開かれている関連イベントに参加している。

この祭典は夜の七時過ぎにはじまり、夜中の一時過ぎまで続く。これだけでも十分長丁場なのだが、公式のイベントが終わったあとも人びとは会場に残り、朝まで歌い続けているという。二〇二三年の祭典に参加した司書から、「真夜中にイベントが終わったあと、朝の八時まで踊ったり飲んだりして楽しんだ」と聞いたが、祭典の翌日は祝日となっており、疲労困憊のなか、祭典で着用した民族衣装の洗濯に追われるそうだ。

前回の「歌と踊りの祭典」は二〇一八年だった。二〇二〇年から二〇二二年までのパンデミック期に、一五〇周年の記念すべき祭典が重ならなかったというのは奇跡的ともいえるタイミングである。だが、子どもの「歌と踊りの祭典」はパンデミック期に重なって実施できなくなり、オンラインでの実施を余儀なくされたとのことであった。

「失われたラトヴィア」プロジェクト

もう一つ、ラトヴィア文化の継承にとって重要なデジタルコレクションを紹介しておこう。ソ連占領時代のラトヴィアとラトヴィア人に関する資料をデジタルデータとして保存するプロジェクト「失われたラトヴィア」が進行中である。

「失われたラトヴィア」は、ソ連占領期のラトヴィアの文化的および歴史的価値に関する資料の複合体と位置づけることができる。ラトヴィアの文化遺産は、ソ連とドイツによる占領中に深刻なダメージを受けた。その間の自然、歴史、芸術、建築物に関する資料は、すでに消滅したか絶滅しかけている。「失われたラトヴィア」プロジェクトは、これらの資料を掘り起こし、永久的に保存する試みである。

このプロジェクトは、図書館、美術館、文化遺産の保護や保存に携わる組織と個人との連携のもと、新国立図書館によって実際の作業が進められている。収集範囲は、一九世紀終わりから現在までである。対象は以下のようになっており、これらの写真や図、書簡類がデジタルコレクションとして収集・整理されてきた。

---

❶教会、邸宅、城の墳丘、中世の城の遺跡など建築的および芸術的モニュメント
❷都市と集落の様子
❸公共施設
❹工場、工房などの生産現場
❺鉄道、道路、橋など
❻住宅、納屋、厩舎などの農業用建物

デジタルコレクション「失われたラトヴィア」の概要マニュアル
出典：[欧文参考資料34]

一❼川、谷、崖、大木、巨大石などの自然物

「失われたラトヴィア」は参加型アーカイブプロジェクトであり、新たな写真のアップロードなどを通じた、プロジェクトへの参加が呼びかけられている。

ＥＵには文化遺産のためのデジタルプラットフォーム「EUROPEANA」(5)があるが、「失われたラトヴィア」は「EUROPEANA」への参加プロジェクトでもある。現時点で「失われたラトヴィア」プロジェクトに参加している図書館は一〇館となっている。「失われたラトヴィア」は、プロジェクトの重要性が認められ、「ラトヴィア図書館２０２０ イベント・オブ・ザ・イヤー」を受賞したことも付記しておきたい。

ラトヴィア・デジタルライブラリーの完成

二〇一五年、ラトヴィアでは文書館、図書館、博物館が共同で「デジタル文化遺産開発戦略」を策定した。これによって文化財を扱う機関間の協働が進み、二〇二三年一〇月二六日に「デジタルライブラリー」がオープンしている。デジタルライブラリーは、ラトヴィア国立公文書館（一一八ページ参照）、文化情報システムセンター（Kultūras informācijas sistēmu centrs）、国立文化財局（Nacionālā kultūras mantojuma pārvalde）、新国立図書館が共同で運営している。

デジタルライブラリーには、ラトヴィアの文書館、博物館、図書館、文化機関や個人によって収集された画像、文書、定期刊行物、図書、地図、博物館のオブジェクト、絵画、楽譜、映画、音声およびビデオの記録三八〇万件が収められている。このデジタル文化遺産プラットフォームを統合的に管理しているのもラトヴィア新国立図書館である。

ラトヴィア新国立図書館のサービス

ラトヴィア文化が結集した新国立図書館であるが、希望すれば誰でも利用できるようになっている。実際に利用するためには、どのような手続きが必要なのだろうか。

(5) ヨーロッパの二〇〇〇以上の機関が作成したデジタル文化遺産が収録されている。画像は三〇〇〇万点以上、文章が二万五〇〇〇点以上、そのほかに音源や動画などのデジタル情報が収められている。

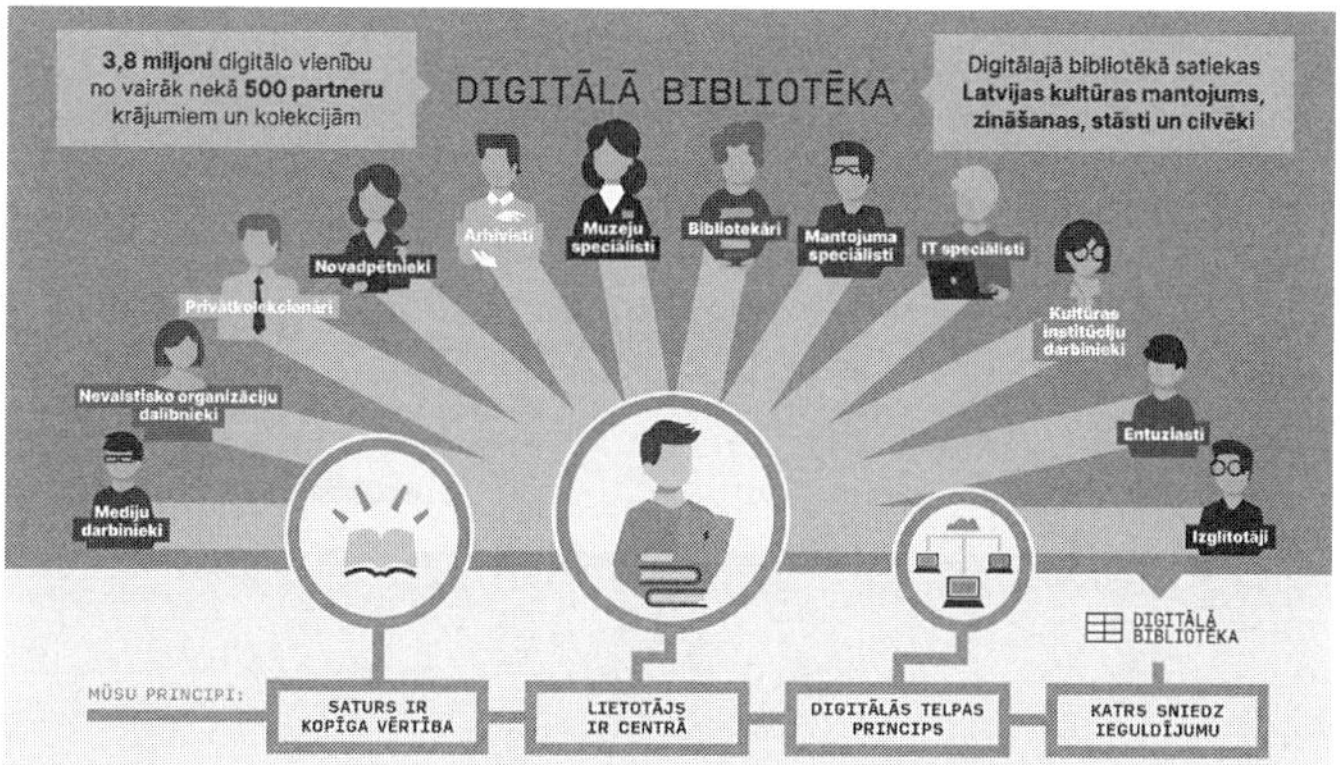

図4－3　デジタルライブラリーのイメージ図　出典：[欧文参考資料16]

「ラトヴィア国立図書館利用規則（Latvijas Nacionālās bibliotēkas lietošanas noteikumi）」［欧文参考資料36］を見ながら、実際の利用手続きについて確認していこう。

新国立図書館を利用するためには、子ども、大人ともに登録が必要であり、登録手続きは図書館の一階にある利用者サービスカウンターで行っている。子ども用のカードは五歳から一五歳が対象で、大人向けのカードは一六歳以上が対象となっている。登録は無料で、パスポートか身分証明書が必要である。

登録手続きは、オンラインでも対面でも可能だが、一八歳までの未成年者の場合には、保護者または法定後見人の立ち会い、もしくは書面による許可が必要となっている。一時的な訪問者や観光客にはビジターズカードが発行され、図書館で行われている講演、展示会、コンサートなどに参加できるようになっている。また、利用者カウンターのコンピュータで新国立図書館の電子資料を閲覧したり、かぎられた範囲ではあるが印刷も可能である。

いったん利用者カードを作成すれば、あとは自由に新国立図書館の資料が利用できるし、有料ではあるが、ラトヴィア国内や海外から取り寄せてもらった資料を閲覧したり、コピーを入手することもできる。また、資料に関して司書に相談したり、情報の検索方法を教えてもらうこともできる。

ちなみに、中二階から上の階に入場するためには、貴重品や館内で使う資料、電子機器以外のすべての携行品をロッカーに預ける必要がある。ロッカーを使うためにはコインが必要だが、使用後に戻ってくる仕組みとなっている。なお、ベビーカーは中二階以上でも利用可能である。

納本制度によってラトヴィアの出版物をすべて収集している新国立図書館は、資料の保存を優先しているため、普通の公共図書館のように資料の貸出は行っていない。よって、原則として資料の閲覧は館内に限定されている。しかしながら、国会議員、研究者、高等教育機関に所属している教員、大学院博士課程在学中の学生のほか、特別に認められた専門職などにかぎっては、所定の料金を払えば館外への持ち出しが認められている。

無料で館外での資料利用が許されている人もいる。新国立図書館職員、新国立図書館名誉読者[6]、そのほか障害や病気のために図書館まで来られない利用者である。

館内では、無線ＬＡＮを利用して自分の電子機器をインターネットに接続できるほか、館内に設置されたコンピュータを無料で利用し、さまざまな資料にアクセスすることができる。もちろん、アクセスした情報を自分の持ち込んだ情報媒体に記録することも許されている。ただし、館内で違法情報を閲覧したり、違法ビジネス、著作権侵害、個人情報の配付などといった違法行為

（６）　一〇年以上国立図書館を利用し、図書館の発展に貢献した人、あるいは国立図書館に二〇年間勤務し、雇用関係を終了した人が名誉読者に推薦される権利をもっている。

を行うことは禁止されている。

なお、ラトヴィア国外から新国立図書館の電子図書館にアクセスするためには、ウェブサイトから電子図書館読者アカウントを申請して、登録する必要がある。

新国立図書館では、資料の閲覧、情報検索、司書からのアドバイスなど基本的なサービスは無料だが、それ以外のサービスは有料となっている。次ページに掲載した**表4－3**は、新国立図書館の有料サービスの料金表である。新国立図書館は、当初からその空間を国民が共有することを目的として建てられたこともあって、各スペースが多様な目的で使われている。有料サービスのかなりの部分が部屋のレンタル料に割かれており、空間利用が活発に行われている。

表4－3からは、新国立図書館がその豊富な文化資源を生かしてさまざまなコレクションの閲覧環境を提供し、有料ではあるが、新国立図書館の資料を使えるような機会を創出したり、図書館の空間を余すところなく有効活用し、共有できるような体制を整えていることが分かる。

生涯学習施設としての図書館

ラトヴィア新国立図書館では、生涯学習施設として利用者にさまざまな学習機会を提供しているが、それらは大きく二つに分けることができる。まずは、図書館の使い方である。

図書館を自在に利用できるようになれば、自ずと自立的な学習者となる。そのため新国立図書

表４－３　ラトヴィア新国立図書館の有料サービス料金表

サービスの種類	料金
ラトヴィア国立図書館の所蔵資料からのコピー	
資料の印刷（セルフサービス・Ａ４判白黒１ページ）	0.07ユーロ（約11円）
資料の印刷（セルフサービス・Ａ４判カラー１ページ）	0.7ユーロ（約110円）
楽譜のコピー（Ａ４判１ページ）	1.42ユーロ（約223円）
1940年までの定期刊行物、貴重資料（Ａ４判１ページ）（職員によるコピー）	2.85ユーロ（約447円）
ラトヴィア国立図書館の収集資料からの印刷（コンピュータ、マイクロフィルム）	
コンピュータからの白黒プリント（Ａ４判１ページ）	0.07ユーロ（約11円）
マイクロ資料（Ａ４判１ページ）	0.14ユーロ（約22円）
所蔵資料の電子化	
テキスト認識を行わない文書の電子化（Ａ４判１ページ）	0.14ユーロ（約22円）
テキスト認識を行う文書の電子化（Ａ４判１ページ）	0.28ユーロ（約44円）
画像デジタル化	4.27ユーロ（約670円）
1940年までの定期刊行物、貴重資料Ａ４判の電子化	1.56ユーロ（約245円）
音声資料の録音・ビデオのコピー	
音声録音コピー１分	0.71ユーロ（約111円）
ビデオ録画コピー１分	2.85ユーロ（約447円）
情報提供サービス	
国立図書館のデータベースからの検索１件	0.07ユーロ（約11円）
書誌リストの作成（４件以上）	0.28ユーロ（約44円）
報道情報のレビュー（毎月71件から200件）	113.83ユーロ（約17,871円）
高度な情報検索１件	6.47ユーロ（約1,016円）
図書館間相互貸借	
ヨーロッパ諸国からの貸借１件	8.54ユーロ（約1341円）
ヨーロッパ以外の国からの貸借１件	11.38ユーロ（約1,787円）
記事のコピー（Ａ４判１ページ）	4.00ユーロ（約628円）
延滞料	
１日につき	0.07ユーロ（約11円）
特別コレクションからの資料の貸出	
図録・写真等１アイテム１か月	8.54ユーロ（約1,341円）
図書１冊	85.37ユーロ（約13,403円）
古書	
古書（ラトヴィア語1850年まで、ロシア語1800年まで、その他1700年まで）月１単位	85.37ユーロ（約13,403円）
画像・地図月１単位	8.54ユーロ（約1341円）

専門スキルの開発・継続教育、研修	
図書館・博物館・文書館職員向け専門スキル開発コース１人あたり	4.5ユーロ（約707円）
研修企画１時間あたり	7.5ユーロ（約1178円）*
教材準備１時間あたり	7.5ユーロ（約1178円）*
専門スキル開発教育プログラム「情報と図書館の知識（基礎）」（160時間）１人分	320ユーロ（約50,240円）
専門継続教育プログラム「図書館の知識」（960時間）	900ユーロ（約141,300円）
展示会・コンサート	
展示会　成人チケット１枚	３ユーロ（約471円）
展示会　学生、年金受給者１枚	１ユーロ（約157円）
コンサート　成人チケット１枚	６ユーロ（約942円）
コンサート　学生、年金受給者１枚	３ユーロ（約471円）
スペースレンタル料	
カンファレンスセンター１時間	400ユーロ（約62,800円）*
セミナールーム１時間	45ユーロ（約7,065円）*
アトリウム（社会的に重要な公共イベントのためのレンタル）１時間	855ユーロ（約134,235円）*
展示室１週間	150ユーロ（約23,550円）*
コンサートホール１時間	350ユーロ（約54,950円）*
展示室内学習室１時間	101ユーロ（約15,857円）*
パソコンルーム１時間	30ユーロ（約4,710円）*
グループレッスン室１時間	30ユーロ（約4,710円）*
4,5,6階アトリウムギャラリーでの展示会１週間	35.01ユーロ（約5,497円）*
コンピュータ教室１時間	30ユーロ（約4,710円）*
11・12階イベントルーム１時間	200ユーロ（約31,400円）*
ガイドツアー	
ロシア語・英語・ドイツ語のガイドツアー１名	３ユーロ（約471円）
常設展示のガイドツアー15名までのグループ	40ユーロ（約6,280円）
人材サービス	
イベントコーディネーターサービス	20ユーロ（約3,140円）*
技術専門家サービス	20ユーロ（約3,140円）*
サウンド／照明／環境エンジニアサービス	20ユーロ（約3,140円）*
展示会プロジェクトマネージャーサービス	40ユーロ（約6,280円）*
展示会コーディネーターサービス	30ユーロ（約4,710円）*
展示会デザイナーサービス	40ユーロ（約6,280円）*

＊付加価値税が加算された料金。
出典：［欧文参考資料38］から主要なサービスを抜粋して作成。

館では、膨大な情報を使いこなせるような学習システムを開発し、提供している。

図書館の使い方を学ぶための方法としては、司書から直接教わる方法と、自分で学ぶ方法がある。直接教わるほうでは、基本的な図書館の使い方について、毎週火曜日の一五時から一六時まで、ウェブ会議サービスzoomを用いた無料の情報検索講座が開催されている。この講座は、新国立図書館のオンライン目録、総合検索エンジンPRIMO、データベース、デジタル図書館のコレクションの使い方といった学習プログラムで構成されている。

自分で学ぶ方法としては、「学生向けガイド」という資料が用意されている。この資料には、ラトヴィア新国立図書館のコレクションと利用可能なリソースの全容がコンパクトにまとめられており、図書館がどのようなコレクションを有しており、どこにアクセスすれば適切な情報が得られるのかが一目で分かるようになっている。もちろん、問い合わせ先やアクセス先のＵＲＬも掲載されている。

新国立図書館のデジタルコレクションの中核を成す図書と定期刊行物のコレクションの使い方については、それぞれ、自分で使えるようになるためのマニュアルが用意されている。とくに図書と定期刊行物のデジタルコレクションについては、利用法を説明する動画も用意されている。

これ以外にも、「歌謡祭リポジトリ」とか「失われたラトヴィア」などの主要コレクションについては、コレクション別に詳しい紹介や使い方を示したマニュアルが用意されているので、それさえ見れば、利用者は独自にアクセスできるようになっている。

ここまで紹介してきたものは、図書館を使いこなせるようになるために用意されたプログラムだが、図書館の資料そのものを学習のためのコンテンツとして用いる学習プログラムもある。ここでは、児童文学センターと常設展示室内に設けられた学習スペースで開催されているプログラムを見ていきたい。

表4-4は、児童文学センターが主催する学習プログラムである。講義形式とワークショップ形式のプログラムがある。ご覧になって分かるように、小学校の低学年を対象としてさまざまなプログラムが用意されている。注目したいのは、単に本に関することだけでなく、それに関係することや創造性を高めるためのプログラムがあることだ。これらのプログラムを受講した子どもたち、まちがいなく本が好きになるだろう。

次は、常設展示「ラトヴィアの図書」で取り上げられているテーマを補完し、拡張するための教育プログラムを紹介しよう。このプログラムは、常設展示スペースに設けられた「ヴィルタカクラス（Virtakas klase）」で開催されている。この学習室の名前は、一九八六年にヴィゼメ（Vidzeme）で発見された、四〇〇〇年から五〇〇〇年前に残されたラトヴィア先住民であるリーブ人（lībieši）に由来する、四〇〇〇個の模様が刻まれた「ヴィルタカ岩（Virtakas iezis）」にちなんで付けられたものである。

表４－４　児童文学センターが主催する学習プログラム

学習プログラム	
「図書への道」（１年生～３年生、15名まで。所要時間30～50分）	作家、芸術家、出版社、図書館員の仕事について学ぶ。
「珍しい図書の世界へ」（未就学児、１～３年生の15名まで。所要時間：30～50分）	さまざまな種類、内容、形式の図書について学ぶ。
「想像力を働かせよう」（１～３年生、最大15名。所要時間：45分）	さまざまな作家の作品における、興味深い登場人物について語る。
「ほしい、ほしい、ほしい」（未就学児、15名まで。所要時間：45分）	他者を理解する方法、自分自身を感じる方法、身の周りのものや出来事について学ぶ。
「児童文学センターによる図書の授業」（小学１～３年生、15名まで。所要時間：45分）	内容や形式に応じてさまざまな種類の図書について学ぶ。
「子ども・若者・保護者による本の審査」の図書に関するレッスン（１～３年生、15名まで。所要時間：45分）	読書推進プログラム「子ども・若者・保護者による本の審査」に挙げられている５冊以上の図書の紹介と図書の精読。
「動物に関するもっとも興味深い図書」（未就学児、最大15人。所要時間：40分）	百科事典や動物のイラストが載っている図書を調べる。レッスンの最後に、さまざまなタスクを解決する。
「世界の国」（１年生～３年生、15名まで。所要時間：30分）	世界のさまざまな国について学ぶ。
クリエイティブワークショップ	
「パズルの午後」（１～３年生、15名まで。所要時間：30～50分）	パズルとは何か、パズルがどのように生まれたのか、さらにパズルの種類について学ぶ。
「私は詩人です」（１年生～３年生、15名まで。所要時間：30～50分）	子どもたちに、ラトヴィアの詩人による最新の興味深く珍しい図書を紹介する。さまざまな詩を一緒に読んで議論し、その多様性を示す。子どもたちに詩をつくる規則を紹介し、小さなグループに分かれ、自分たちの詩をつくる。

出典：［欧文参考資料43］から作成。

表４－５　小学年向けの学習プログラム「ヴィルタカクラス」

1年生から3年生を対象にしたプログラム	
見学	
展示会「ラトヴィアの図書」への旅（20名まで。所要時間：30～60分）	常設展「ラトヴィアの図書」を解説資料と共に見学して、図書の発展の歴史、図書の形態や構成要素について学ぶツアー。
学習プログラム	
古代文字の学習（20名まで。所要時間：30分）	ヴィルタカ岩の歴史について学ぶ。 シンボルの意味を理解し、様式の原則について学び、オリジナルの紋様づくりに挑戦する。
「もし私が図書だったら」（２グループに分かれる。所要時間：90分）	『もし私が図書になれたら』を使って、図書の内容を理解したうえで自分独自のストーリーをつくり、読み書きの能力を養う。
クリエイティブワークショップ	
「過去への旅」（２グループに分かれる。所要時間：105分）	ラトヴィア鉄道歴史博物館（Latvijas dzelzceļa vēstures muzejs）とラトヴィア国立図書館の両方を見学し、旅行ポストカードをデザインする。 ＊歴史博物館の入館料のみ必要。
グラフィックワークショップ（20名まで。所要時間：45分）	活版印刷技術やボストン印刷機の歴史と動作原理について学ぶ。 プリントカードを作成する。
書道ワークショップ（20名まで。所要時間：40分）	カリグラフィーを学ぶ。さまざまな種類の線を描く練習をする。
4年生から9年生を対象にしたプログラム	
見学	
展示会「ラトヴィアの図書」への旅（４年生、20名まで。所要時間：40～60分）	常設展「ラトヴィアの図書」を解説資料とともに見学して、図書の発展の歴史、図書の形態や構成要素について学ぶ。

展示会「ラトヴィアの図書」への旅（５年生から９年生、最大20名。所要時間：30〜60分）	常設展「ラトヴィアの図書」を解説資料とともに見学して、図書の発展の歴史、図書の形態や構成要素について学ぶ。
学習プログラム	
「もし私が図書だったら」（４年から５年向け。15名まで。所要時間：90分）	『もし私が図書になれたら』を使って図書の内容を理解したうえで、自分独自のストーリーをつくる。読み書きの能力を養う。
クリエイティブワークショップ	
「過去への旅」（４年生から９年生40名、２グループに分かれる。所要時間：105分）	ラトヴィア鉄道歴史博物館とラトヴィア国立図書館の両方を見学し、旅行ポストカードをデザインし、手書きと活版印刷で作成する。 ＊歴史博物館の入館料のみ必要。
マーブリング（４年生から９年生、20名まで。所要時間：40分）	古代の紙の装飾技法マーブリングを学ぶ水面の模様を紙に転写し、オリジナルな作品をつくる。
グラフィックワークショップ（４年生から９年生、20名まで。所要時間：60分）	ボストンの新聞社の歴史と活動を学ぶ活版印刷の体験をする。参加者の人数や年齢に応じて、実習の内容を調整する。
製本ワークショップ（４年生から９年生、20名まで。所要時間：60分）	展示会「ラトヴィアの図書」でさまざまな図書の要素を学んでから、ミニチュア図書をつくり、製本を行う。
「私の窓の私のサイン」（４年生から９年生、20名まで。所要時間：45分）	古代ラトヴィアの書物からインスピレーションを得て、家族のサインをデザインし、壁に飾る。
書道ワークショップ（４年生から９年生、20名まで。所要時間：60分）	カリグラフィーの基本技能を学んで、いくつか試したあと、自分の名前やテキストなどを書いてみる。

出典：［欧文参考資料43］から作成。

表4－6　高校生向けの学習プログラム「ヴィルタカス講座」

見学	
展示会「ラトヴィアの図書」への旅（10年生から12年生、15名まで。所要時間：30分～60分）	展示会「ラトヴィアの図書」を通して、自分と本との関係について考える。
学習プログラム	
シンボル関する学習（10年生から12年生、15名まで。所要時間：60分）	ヴィルタカの岩のシンボルの象徴性について学ぶ。ブランディングの基礎を学び、自分の家族のブランドをつくってクラスに提示し、その象徴的意味について説明する。
抵抗読書または自主出版（10年生から12年生、最大15名。所要時間：120から200分）	抵抗活動としての読書や「サミズダット」と呼ばれる自主出版について学ぶ。
クリエイティブワークショップ	
マーブリング（10年生から12年生、15名まで。所要時間：40分）	古代の紙の装飾技法マーブリングを学ぶ。水面の模様を紙に転写し、オリジナルな作品をつくる。
グラフィックワークショップ（10年生から12年生、15名まで。所要時間：60分）	ボストンの新聞社の歴史と活動を学ぶ。活版印刷の体験をする。参加者の人数や年齢に応じて実習の内容を調整する。
製本（10年生から12年生、15名まで。所要時間：60分）	展示会「ラトヴィアの図書」でさまざまな本の要素を学んでから、ミニチュア図書をつくり、製本を行う。
書道ワークショップ（10年生から12年生、15名まで。所要時間：60分）	中世の写本に焦点を当てて、書道の歴史について学び、羽根ペンを使ってカリグラフィーを行う。

出典：［欧文参考資料43］から作成。

注：「自主出版」（ラトヴィア語 pašizdošana、ロシア語：самиздат）は、ソ連や社会主義諸国で許可されていない資料を手書きや写真のコピーによって複製し、刊行したもの。無許可で資料を作成することは厳重に禁止されていたため、自主出版が万が一発覚したときには、作成者や所持者は投獄の危険性があった。しかし、出版の自由を奪われていた多くの国々では自主出版物が地下で流通し、多様な言論を流通させる地下水となっていた。文学だけでなく、音楽情報やサブカルチャーなど多様な種類の情報が流通していた。

表4−5に示したようにこのプログラムは、展示会に関連した見学、学習講座、ワークショップなどから構成されている。一方**表4−6**は、高校生向けの学習プログラムとなっている。これらのプログラムに関しては、オンラインで入手可能な教材も用意されている。それらは、学習講座の補助教材として、また講座に参加しない場合の自習教材としても使えるようになっている。

次は大人向けの学習プログラムを見てみよう。見学会やワークショップが用意されているが、それらのプログラムは有料となっている。なお、高齢者を対象とした生涯学習プログラムが毎週水曜日にあるが、こちらは無料となっている。大人向けの学習講座を**表4−7**（一五八ページ）にまとめてみた。

「図書館の図書館」としてのラトヴィア新国立図書館

実は、ラトヴィア新国立図書館には「図書館の図書館」としての顔がある。ラトヴィアにかぎらないが、ナショナルレベルの国立図書館には、全国の図書館振興を支援したり、専門職としての図書館員のレベル向上を目指すための研修機関としての役割が求められている。

ラトヴィア新国立図書館は教育科学省の教育機関登録簿に登録されている専門的継続教育機関でもあり、図書館に設けられたラトヴィア国立図書館開発局図書館開発センターは、図書館の専門職の研修を担う専門機関となっている。館種を問わず、国内にあるすべての図書館の司書や図

表4－7　大人向け学習プログラム

見学 **ラトヴィア語（20ユーロ／約3,140円）** **その他の言語（40ユーロ／約6,280円）**	
展示の見学（20名まで　所要時間：90分）	図書メディアの発展ストーリーについて学ぶ。図書と自分との関係を考える。
クリエイティブワークショップ **ラトヴィア語（40ユーロ／約6,280円）** **その他の言語（60ユーロ／約9,420円）**	
マーブリング（15名まで　所要時間：40分）	古代の紙の装飾技法マーブリングを学ぶ。水面の模様を紙に転写し、オリジナル作品をつくる。
グラフィックワークショップ（15名まで　所要時間：60分）	ボストンの新聞社の歴史と活動を学ぶ。活版印刷の体験をする。参加者の人数や年齢に応じて実習の内容を調整する。
製本（15名まで　所要時間：60分）	展示会「ラトヴィアの図書」でさまざまな図書の要素を学んでから、ミニチュア図書をつくり、製本を行う。
書道ワークショップ（15名まで　所要時間：60分）	カリグラフィーの基本技能を学んで、いくつか試したあと、羽根ペンで自分の名前やテキストなどを書いてみる。
高齢者向けプログラム **無料**	
ヴルタカクラスでのシニアの水曜日	シニアが集まって、同じ志をもった仲間と出会うことができるさまざまな授業を実施。無料だが、事前申請が必要。

出典：［欧文参考資料43］から作成。

書館関係専門職を対象として、認定コースとされた正式な専門的な継続教育および専門能力開発プログラムに加えて、非公式の教育プログラムを提供しつつ専門職の教育を行っている。
二〇二二年、図書館開発センターが主催する専門職継続教育プログラム「図書館の知識」（九六〇時間）では一四名がコースを修了し、司書資格を取得している。この年から、モジュール式の専門継続教育プログラム「図書館、情報、アーカイブの知識」（九六〇時間）が実施されている。二〇二二年には、年間を通して、対面とオンラインで三五以上の非公式教育プログラムが実施されたが、そのうち二一件は二〇二二年に作成された新しいプログラムであった
通常の司書教育に加えて、図書館開発センターが研修テーマとして最近とくに力を入れているのがメディアリテラシー教育である。二〇二一年には、四五〇名以上の図書館員と一〇〇名以上の教育者が同センター主催のメディアリテラシー研修に参加し、その基本的な理解とメディア操作の基本原則について学んだ。パンデミック期にはオンラインで実施され、二〇二一年一一月に開催されたオンライン研修会には、公立図書館、学校図書館、大学図書館から八〇〇名以上の図書館員が参加したという。
メディアリテラシー研修は、二〇二二年にさらに規模を拡大して実施され、合計一四〇〇名以上の図書館員と教育者が研修に参加している。研修のなかでとくに重点が置かれたのは、各地の公共図書館で実施されている高齢者に対するメディアリテラシープログラムの方法についてであ

る。図書館員は、メディアに不慣れな高齢者に向けてリテラシーを育成する責任があり、そのための専門スキルを上げることが研修の主たる目的となっている（一一八ページも参照）。

専門職に向けて質の高い情報を提供する

図書館専門職のための良質な情報源である「ラトヴィア図書館ポータル（Latvijas Bibliotēku portals）」［欧文参考資料30］を運営しているのも新国立図書館である。(7)「ラトヴィア図書館ポータル」は、二〇〇七年に開設されて以来、図書館専門職の仕事に役立つさまざまな情報を提供してきた。同サイトでは、「ラトヴィアおよび世界の図書館の動向」、「図書館界の議論」、「専門家へのインタビュー」、「文化政策や文化財保護などの図書館関連領域の話題」を読むことができる。

本書の執筆にあたって、「ラトヴィア図書館ポータル」にはいろいろな場面で助けてもらった。このサイトを知ってからというもの、ラトヴィア図書館界に関する情報収集が格段に楽になったのである。定期的に配信されるニュース記事を毎週読むことで、遠いラトヴィアの図書館で起っていることが、とても身近に感じられるようになった。

ブックレビューを提供——図書館員同士で図書を進め合うサイト

もう一つ、ラトヴィア新国立図書館が提供している図書館員のための情報源を紹介しておきたい。それは、「文学ガイド（Literatūras ceļvedis）」と呼ばれるオンライン定期刊行物である。このガイドは、図書館開発センターのスタッフが図書館関係者やラトヴィア大学人文学部、文学専門家の協力を得ながら作成しているものである。

「文学ガイド」には、司書が選択した質の高い多様な文学作品が掲載されている。各図書館におけるコレクションの質の向上に資することを目的としてつくられていることもあって、図書館員にとってはかなり有用な情報源となっている。紹介される図書のなかに、ラトヴィアの地方出版物、小規模出版社が刊行する出版物が含まれている点も、専門的なガイドとしての有用性を高めている。

これまで「文学ガイド」はＰＤＦファイルの形式で頒布されていたが、二〇二三年からは「文学ガイド」の専用サイト（www.literaturascelvedis.lv）が設けられ、過去のアーカイブにアクセスすることも可能となった。

国家百科事典を運営する図書館

他国の国立図書館には見られないユニークな活動として、「百科事典の編纂事業」を紹介して

（7）日本でも専門職や図書館に関心をもつ人びとに向けて、信頼度の高い図書館関係の情報を提供するサイト「図書館に関する情報ポータル：カレントアウェアネス」が国立国会図書館によって提供されている。［和文参考資料2］

おこう。ラトヴィア新国立図書館は、「ナショナル・エンサイクロペディア（Nacionālā enciklopēdija）」〔欧文参考資料44〕の管理・運営を担っている。ラトヴィアでは、独立後からラトヴィア文化のアイデンティティの証として国家百科事典の制作が継続的に議論されてきた。実際にプロジェクトが立ちあがったのは、独立から二〇年以上が経過した二〇一四年であり、「ラトヴィア国家一〇〇周年記念事業」としてであった。

百科事典の編纂作業が開始されたのは二〇一五年で、二〇一八年に八六四ページの『ナショナル・エンサイクロペディア』が完成した。同年一二月から、百科事典はオンラインで利用できるようになり、現在のページ数は四〇〇〇ページを超えている。

百科事典は、ラトヴィアにおける学術研究の成果を社会に還元することを目的としており、現時点ではラトヴィアに関するもっとも信頼度の高い情報源として頻繁に参照されているツールである。文章、写真、図表、地図、音声および動画データからなるすべてのデータは、無料で提供されている。

各項目は、その分野の専門家である研究者によって執筆されており、執筆者数は総勢で七〇〇名を超える。編集委員長をラトヴィア新国立図書館館長アンドリス・ヴィルクス氏（一六ページ参照）が務めていることからも分かるように、新国立図書館が主体となる出版事業である。

ラトヴィア国立図書館支援協会

ラトヴィア新国立図書館の多彩な活動を見てきたわけだが、図書館を多方面から支える団体「ラトヴィア国立図書館支援協会」についても言及しておく必要があるだろう。ラトヴィア国立図書館支援協会は、一般市民からの寄付を募る形で、二〇年にわたって国立図書館をサポートしてきた公益団体である。設立されたのは一九九八年四月で、新国立図書館の建設を支持する二〇〇名がリーガ新劇場（Jaunais Rīgas Teātris）に結集し、知的資源と財政的資源を確保するために協会を設立することが決まった。

それ以来、二〇年以上にわたり、国立図書館とラトヴィア全土の図書館が「光の砦」となり、ラトヴィアを明るく照らすことができるよう、財政支援のための資金調達活動を展開してきた。支援協会の会員数は、文化関係者、政治家、科学者、起業家など一二〇名を超えている。

現在、支援協会がとくに注力している

ラトヴィア国立図書館支援協会がラトヴィア新国立図書館と共同出版した *The Castle of Light: The National Library of Latvia*　出典：［欧文参考文献20］

のは第3章で紹介した「ブックスタート」（一〇四ページ参照）と「インスピレーション図書館」（八三ページ参照）の事業である。

なお、支援協会は寄付活動を推進するだけではない。出版活動として、『ラトヴィア国立図書館——建築家グナールス・ビルケルツ』をはじめとしてさまざまな出版物を刊行してきた。さらに、新国立図書館や文学者と連携して文学プログラムを実施するなどといった形で運営を支えてきた。新国立図書館エントランスの壁の一角には、これまでに寄付した人の名前が書かれたプレートが貼り付けられている。

3 ラトヴィア新国立図書館探訪記

ラトヴィア新国立図書館を訪問したのはリーガ

トラムは市民の重要な足になっている　旧市街から新国立図書館を臨む

に到着して四日目で、少し街にも慣れたころだった。新国立図書館は旧市街からダウガヴァ川を挟んだ対岸にあり、旧市街からはトラムかバスで行くことになる。何しろ巨大な建物なので、対岸の旧市街からもよく見えるのだが、リーガの中心部からだんだんと近づいていくにつれて、さらにその大きさが際立ってくるように感じた。訪問日は快晴で、青い空にシルバーの建物がよく映えていた。

新国立図書館の前は芝生になっており、アート作品やベンチがゆったりと配置されている。メインエントランスの前庭に置かれているアイガルス・ビクシェ（Aigars Bikše）の彫刻「二人のライニス」（Divi Raiņi）は、新国立図書館にとってひときわ重要である。第3章で紹介したように、ライニスはラトヴィアのもっとも有名な詩人で、ラトヴィア文芸界を代表する人物である（九一ページ参照）。

ふと振り返ると、芝生の一角に、ラトヴィア建国一〇〇周年を記念して植樹された樫の木があった。そして、後部のエントランス前には、オヤールス・ペーテルソンス（Ojārs Pētersons）の作品「大きな花瓶（Lielā vāze）」が置かれていた。

新国立図書館の前庭にあるコンクリートの階段部分は、スケートボーダーに人気のスポットとなっている。スケートボードはオリンピックの正式種目にもなり、現在ではとてもポピュラーなスポーツである。だが、競技人口が増加する一方で、公園などでは禁止事項の一つとして挙げら

「二人のライニス」

「大きな花瓶」

記念植樹された樫の木

れている場合が多い。そんななか、ラトヴィア新国立図書館ではあえてスケートボーダーを積極的に受け入れる方針を取った。そして、世界的に有名なラトヴィアのプロスケートボーダーであるマダルス・アプセ（Madars Apse）を、このスポットのアンバサダーに指名したのだ。それ以来、前庭の一角は、スケートボーダーが技を磨く格好の場所となっている。

地下一階から最上階までのライブラリーツアー

新国立図書館を案内してくれるオレグス・ピシュチコフス（Olegs Piščikovs）さんとヴィクトリヤ・ピシュチコヴァ（Viktorija Piščikova）さん夫妻とは、持ち物を預けるクロークの前で待ち合わせた。オレグスさんは「バルト東アジア研究センター図書館（Baltijas Austrumāzijas pētniecības centra bibliotēka）」の主題専門家、ヴィクトリヤさんは国際連携担当の顧問である。

ヴィクトリヤ・ピシュチコヴァさん（撮影：Kristians Luhaers）

オレグス・ピシュチコフスさん（写真提供：本人）

お二人の案内のおかげで、普段は入れないような場所も含めて、巨大な図書館の隅々まで見せていただくことができた。

一階にはロッカー室がある。新国立図書館には貴重な資料が多く、それらを保全するために、手荷物やコートなどはロッカーに預ける決まりとなっている。館内に持ち込めるのは、透明なボトルに入った水、貴重品、コンピュータ、資料などに限定されており、これらをクロークに備え付けられた透明な袋に入れて持ち込むことになる。さて、一階だが、広々とした吹き抜けのアトリウム空間になっており、ロビーには大きなソファが配置されているので、たくさんの人が寛いでいた。準備ができたところで、地下一階から最上階までのツアー開始である。(8) まずは、地下一階に降りていく。

広々としたエントランス

地下一階には、収容人数三〇〇名の会議場とセミナー室が四部屋あり、文字どおり、国際会議やセミナーなどが行われている。なお会議場は、参加人数に応じて分割して使えるようになっている。会議場の前には広々としたフロントロビーがあるので、会議に関連した展示会やイベントの際には、ケータリングによる立食イベントなども開催されているという。

地下から階段を上ってクロークに戻ってくると、そのすぐ脇に、五〇〇人が収容できる国際会議場「ジエドニス・ホール（Ziedonis Hall）」がある。同時通訳ブースが設置されたこのホールでは、何度も重要な国際会議が開かれてきた。それ以外にも、コンサート、映画上映、会議、講演、パフォーマンスなども行われているようだ。ホールの名前は、詩人で司書の経験もあるラトヴィア独立運動の支持者イマンツ・ジエドニス（Imants Ziedonis, 1933～2013）にちなんで名付けられた。

同じく一階にあるショップ「フレンズ・ルーム（Draugu telpas）」は、ラトヴィア国立図書館支援協会とラトヴィア新国立図書館が協力して設営した店舗で、新国立図書館に関連するグッズの販売を手がけている。書籍、写真集、パンフレット、絵葉書、文房具など、ここでしか購入できない特

（8）新国立図書館の様子は、三六〇度を映し出すバーチャルリアリティ動画で体験できるようになっている。［欧文参考資料32］

ジエドニス・ホール

別な商品がたくさん置かれている。この店で買い物をすることで新国立図書館やラトヴィア国立図書館支援協会を支援する仕組みとなっており、オンラインでも一部の商品が購入可能となっている。

一階には、ベジタリアンカフェもある。カフェの名前は「Divi Raiņi Café」。写真で紹介した、外庭にある彫刻の名前「二人のライニス」から取られている（一六六ページ参照）。

吹き抜けとなった一階の中央にはカウンターが設けられており、入館手続きや利用者カードの登録といった際のサポートを図書館員が行っている。すぐ脇には、利用者自身が登録を行うためのセルフ端末が置かれていた。

利用者登録がすむと、登録者しか入場できないゲート（カウンターの脇）を通って、中二階以上のスペースにアクセスすることになる。

ロビーフロアの奥には展覧会のスペースもあり、無料の展

フレンズ・ルームで販売されている絵はがき

覧会が一年を通して開催されている。展覧会を見学するだけであれば利用登録をする必要はなく、誰でも入場することができる。二〇二二年は、新国立図書館が企画した展覧会が一二回、他機関と連携して実施された展覧会が一二回行われたという。

このような展覧会を観るために、年間三万人を超える人が新国立図書館を訪れているそうだ。展覧会以外にも、ラトヴィアにおける重要な催し物が新国立図書館で開かれることもあり、要人も含めて、年間を通じて大勢の人が訪問している。

二〇一六年からは、常設展示として「ラトヴィアの図書（Grāmata Latvijā）」が開催されている。ラトヴィアの人びとにとって、図書は単なる物質的な存在を超えて精神的な存在となっている。この展示では、物質としての図書と精神的な存在としての図書という二面からラトヴィアの図書を捉えるとともに、聖書からはじまったラトヴィアの図書に関する五〇〇年以上の歴史を跡付けている。

展示内容は、「製本の歴史」、「図書と身体感覚」、「図書と権力」、「図書と精神」という四つのテーマで構成されており、展示を通して、本の歴史、現在、未来を考える機会を提供している。私もこの展示を観たのだが、もっとも印象に残ったのは、図書と匂いを結び付ける試みだった。

展示台に複数のガラス瓶が置かれ、見学者はそれらの瓶の匂いを嗅ぎながら展示を見ていくことになる。そこでは、身体感覚を使って図書という文化を統合的に捉えるための実験が、参加者を巻き込む形で行われていた。この展示会の企画には、学芸員、歴史学と図書史の研究者、作家、建築家が協力している。

常設展示に加えて、企画展示も無料で公開されている。私が訪問したときには、「世界におけるラトヴィアの民族衣装（Latviešа tautastērps pasaulē）」という展覧会が開催されていた。歴史に翻弄され、世界各地に離散したラトヴィア・ディアスポラ（一五ページ参照）は、それぞれの移住先でラトヴィアの文化を守ってきた。この展覧会は、服飾を中心として、世界に点在するラトヴィア・ディアスポラ・コミュニティーの様子を伝えることを目的に開催されたという。会場には、ヨーロッパ、オーストラリア、アメリカで製作・着用された四〇点の民族衣装が展示されており、亡命したラトヴィア人が民族衣装を製作し、次世代へと受け継いできた様子が紹介されていた。

「世界におけるラトヴィアの民族衣装」展示

カウンターの脇にあるゲートを通って中二階に上る。中二階は、「レファレンス・情報センター（Uzziņu un informācijas centrs）」と「バルト東アジア研究センター Baltijas Austrumāzijas pētniecības centrs: AsiaRes）」の図書閲覧室という二つの組織が入ったフロアである。

レファレンス・情報センターは、いわゆる調べものをするための施設となっている。そのため、辞書・辞典類などのレファレンスツールが主たる資料となり、専門の司書が相談に乗っている。国立図書館の館内には人名を冠したスペースがたくさんあるのだが、レファレンス・情報センターは、バルト三国の独立運動を積極的に支持したポーランド出身の第二六四代ローマ教皇のヨハネ・パウロ二世（Giovanni Paolo II, 1920〜2005）にちなんで、「ヨハネ・パウロ二世閲覧室（Jāņa Pāvila II lasītava）」と呼ばれている。

また、レファレンス・情報センターには、物理化学者で科学史家のヤーニス・ストラディンシュ（Jānis Stradiņš, 1933〜2019）の個人コレクションスペースもある。ストラディンシュの遺した図書や原稿など、三七〇〇点以上の資料が家族の協力のもとに集められ、当時の家具などもそのまま持ち込まれ、ストラディンシュの書斎を再現した状態で保管されている。

レファレンス・情報センターの向かい側にある部屋が、オレグスさんが勤務しているバルト東アジア研究センターの図書閲覧室である。ラトヴィア新国立図書館とラトヴィア大学人文学部によってバルト東アジア研究センターの設置について協定が締結されたのは二〇一五年七月のことであった。

この研究センターには、ラトヴィア新国立図書館とラトヴィア大学人文学部アジア学科の連携によってコレクションが構築されており、バルト三国最大の東アジア資料コレクションとなっている。協力パートナーを務めるのは、蒋経国国際学術交流財団（台湾、台北）、韓国財団（韓国、ソウル）、日本大使館、および中国研究センターである。

研究センターは、東アジア文明全般と、地域諸国の文学、文化、歴史、社会、経済に関するさまざまな分野をカバーしている。日本関係の資料に関して見てみると、専門学術書に混じってマンガも含まれていた。今や、日本のマンガやアニメは日本学研究においては重要なテーマとなっている。

バルト東アジア研究センターの図書閲覧室

研究センターでは、資料収集とともに、定期的にイベントを開催するなどして東アジアの情報を提供している。日本文化に関しては、「日本語会話クラブ」が開かれており、日本語を学習する人にとって、時事的および日常的な話題を話す機会となっている。また、定期的に開催されている折り紙教室もとても人気があるという。

二階から上は閲覧室と職員の執務スペースが配置されている。各閲覧室の脇には、訪問者が自由に使えるワーキングスペースが随所に配置されており、WiFiも使えるようになっている。

二階には、人文・社会科学閲覧室と経済学・法学閲覧室、資料取り置きスペースがある。人文・社会科学閲覧室は、館内にある閲覧室のなかでも最大規模のスペースを占め、言語学、文学研究、小説、哲学、心理学、宗教、政治、社会学、教育、地理学、歴史、民族史をテーマとした資料が配架されている。一方、経済・法学閲覧室のほうには、経済学と法学の最新書籍をはじめとして、経済学、法律、会計財務、経営管理、マーケティング、広報にかかわる資料が配架されている。

次は三階である。ここには、定期刊行物閲覧

館内に設けられたワーキングスペース

２階以上は閲覧室になっている（５階から階下を撮影）

室と技術・自然科学の閲覧室がある。閲覧室には、自然科学、健康科学、農業、工学、コンピュータサイエンスといった主題について、複数言語のコレクションおよび百科事典、辞書、マニュアルが配架されている。定期刊行物の閲覧室には、一八世紀から現在までの二八言語の新聞や雑誌がデジタル版とともに保管されているほか、壁際に紙の雑誌をストックする場所があり、分類ごとに分けられた雑誌が整然と並んでいた。

閲覧室はダウガヴァ川方向に面していて旧市街がよく見える

四階には、美術閲覧室、音楽閲覧室、小ホール、視聴覚センター、録音スタジオがある。美術閲覧室では、美術に関する書籍、ポスター、ポストカード、美術展の図録、図面、蔵書票、アルバムといった資料を閲覧したり、映像資料の視聴ができる。

また、この部屋には、図書館を建築したビルケルツの個人コレクションがあり、建築に関する三〇〇〇冊以上の出版物や近代建築の巨匠に関する資料、ビルケルツ自身に関する書籍がここに展示されている。

音楽閲覧室には、ラトヴィア内外で刊行されたラトヴィアの作曲家の楽譜、手書きの楽譜やその複製物が保管されており、バルト三国でも最大の楽譜コレクションとなっている。音楽閲覧室とは別に設置された視聴覚センターには、二〇世紀以降にラトヴィアで公開された音声録音の最大規模となるコレクションが、音声資料、ビデオ資料、マルチメディア資料として保管されている。

この視聴覚センターには、演劇・映画評論家、演劇学者、ジャーナリストのノルムンズ・ナウマニス（Normunds Naumanis, 1962〜2014）の個人コレクションがあり、愛用していた家具とともに置かれている。なお、コレクションには、ナウマニス自身が購入した演劇学の図書や、監督、俳優についての図書や伝記も含まれている。

また、録音スタジオでは、音声録音、ビデオナレーション録音のほか、小規模な室内合唱団や室内アンサンブルの録音も可能である。

視聴覚センターを出たすぐのところに、おもしろい仕掛けを見つけた。天井から傘状のものがぶら下がっていて、床には、その傘の円周に合わせ

視聴覚センター

て丸い表示がされていた。その円の中に入ると、頭上からラトヴィアの伝統的な音楽が流れてくる仕掛けとなっていた。

図書館の中にある瞑想のための空間

四階にあるユニークなスペースといえば、「沈黙と瞑想の部屋」だろう。名前のとおり、瞑想のための空間である。自らの心の状態と向き合い、精神を集中させる「マインドフルネス」は世界中で大流行している。図書館界でも、プログラムにマインドフルネスを取り上げたり、館内に瞑想ルームを設けたりする図書館が増えてきた(9)。「沈黙と瞑想の部屋」は、まさにこうした流れに乗り、図書館の中でマインドフルネスを味わってもらうために設けられたスペースである。この部屋で開設される講座に参加するだけでなく、個人での使用も可能となっている。部屋の中には、瞑想をするときのガイドとなる図書や瞑想哲学などの図書が集められた小さな読書室も設けられている。

「沈黙と瞑想の部屋」の内部は薄暗く、ヨガマットやクッション、そして瞑想に使うためのお椀

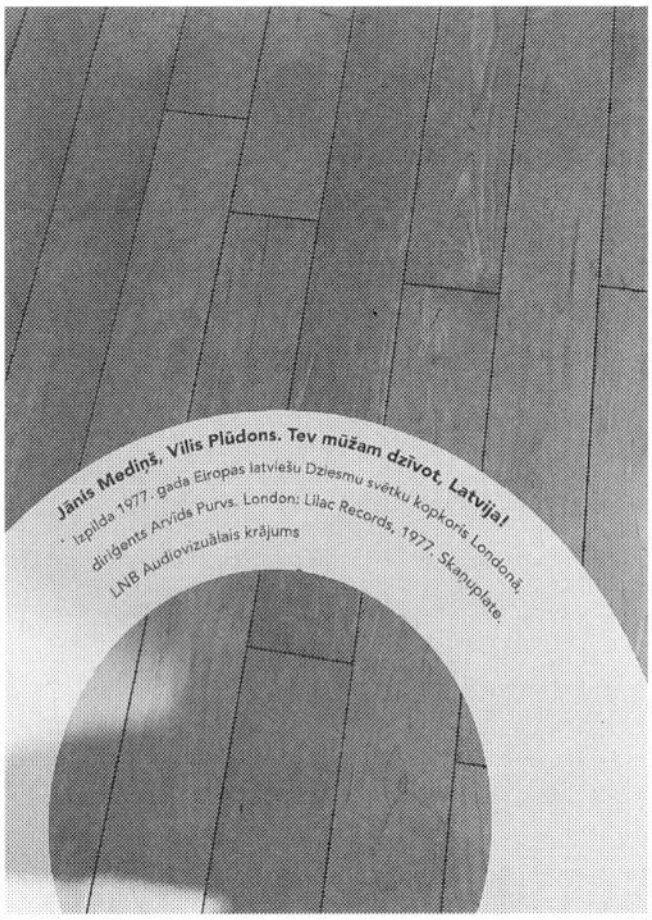

頭上から音楽「ラトヴィアよ、永遠に！（Tev mūžam dzīvot, Latvija!）」が流れる装置

型の「シンギングボール」が置かれている。部屋の扉に、「沈黙と瞑想の部屋でのお願い」と書かれた紙が貼られていた。その紙には、「瞑想の開始まで、そして瞑想中は、瞑想マットに靴を脱いで座ってください。おしゃべりはしないでください。スマートフォンや電子機器を使用しないでください。素敵な夜を……」と書かれていた。

この部屋では、毎週水曜日の一八時から瞑想プログラムが開催されている。プログラムへの参加は無料で、事前の申し込みも不要である。YouTubeチャンネルでプログラムをフォローしたり、音楽配信サービスを使ってプログラムの

沈黙と瞑想の部屋では誰もが静かな時間を過ごせるようになっている

（9）アメリカのピッツバーグにあるマウント・レバノン公共図書館（Mt. Lebanon Public Library）では、図書館を訪れる多くの小・中・高校生がストレスや不安の問題を抱えていることへの対処方法として、年齢に合わせたマインドフルネスやストレス解消法をプログラムとして取り入れている。図書館は安全で快適な場所である、という前提があるので、マインドフルネスや瞑想にとっては最適な場所と考えられている。［欧文参考文献17］［和文参考文献1］

録音を聞くこともできる。

これ以外にも、マインドフルネスに関するプログラム、ヨガ教室、子どもと一緒に行う瞑想など、バラエティーに富んだクラスが開催されている。こうしたプログラムは、瞑想普及団体である「シンボリ・ウン・リティ協会（Simboli un Riti）」と協力して開催されている。

次は、五階に上る。

五階には、貴重書・写本閲覧室（Reto grāmatu un rokrakstu lasītava）と「ラトヴィア学およびバルト三国閲覧室（Letonikas un Baltijas lasītava）」、そしていくつかの展示ホールがある。

貴重書・写本閲覧室に収集されている資料には、発禁図書や古典作品の初版、装飾本、作家や著名人の自筆メモなどが書かれた図書などがあり、インキュナブラ[10]や一六世紀の版画やパリ王立印刷所が製作した貴重書も含まれている。図書以外の資料としては、文化的・歴史的に重要な手稿、手紙、写真などがある。

「ラトヴィア学およびバルト三国閲覧室」では、ラトヴィアとバルト三国に関する歴史、文化、言語、生活、伝統などに関する資料が保管されている。この閲覧室に、ラトヴィア大学文学・民俗・芸術研究所のラトヴィア民俗資料保管室がある。そして、この部屋の一角にある展示ケースに、おそらく新国立図書館で、いやラトヴィアでもっとも貴重な資料群が収められた「ダイナスの棚（Dainu skapis）」がある。

「光の城」の至宝「ダイナスの棚」

ダイナとは、人の誕生から死に至るまで、すべての事象を網羅した民謡である。先に紹介した黒沢歩氏が著した『木漏れ日のラトヴィア』（新評論、二〇〇四年）を読むと、ダイナについて次のように説明されていた。

> 農民生活の美的価値観がたっぷりしみ込んでいる民謡は、立春、夏至、立秋、冬至という季節の移り変わりを軸に、種まきや収穫といった農作業、道具や日用品、家畜をも歌いあげる。［和文参考文献3、118ページ］

ダイナは、ラトヴィア人の生活に溶け込み、日々の暮らしのなかで歌い継がれてきたわけだが、これが体系化されたのは一九世紀後半のことだった。

民俗学者クリシュヤーニス・バロンス（Krišjānis Barons, 1835～1923）は、ラトヴィア全土を回ってダイナを採集し、編纂した。バロンスは、それらを『ラトヴィア民謡（*Latvju dainas*）』（全

(10)　活版印刷が発明された一四五〇年代から一五〇〇年までに印刷された図書。「揺籃期本」とも呼ばれる。

六巻）にまとめることで、記憶によって継承されてきた歌を記録物として残そうとした。またバロンスは、増え続ける歌を整理・収納するためのキャビネットを設計した。これが「ダイナスの棚」と呼ばれるものである。

パイン材のフレーム、カエデ材を使った引き出しからなるこのキャビネットには、ダイナを書き留めた約二七万を超える手書きの紙片が収められており、二〇〇一年、ユネスコの「世界の記憶」に登録されている。(11)「ダイナスの棚」の上に見える小さな箱は、タバコの箱である。愛煙家であったバロンスは、当初、収集したダイナをこのようなタバコの箱の中に集めていたそうだ。タバコの箱では収まりきれなくなったダイナを入れるための箱と棚は、バロンス自らの手によって設

ラトヴィア全土をめぐりダイナを集めたクリシュヤーニス・バロンスの胸像

ユネスコの世界の記憶「ダイナスの棚」

計されたものである。それが、私たちの前に残されている「ダイナスの棚」なのである。

「人びとの本棚」

新国立図書館に足を踏み入れた人は、誰しも、目に飛び込んでくるアトリウムにある大量の本に目を奪われてしまう。「ダイナスの棚」と並んで重要な、ラトヴィア新国立図書館の寄贈コレクション、通称「人びとの本棚」（一三一ページも参照）である。

「人びとの本棚」は五階の高さに設置された特別な書架スペースに設置されており、この書架には、世界中から新国立図書館に寄贈された図書が収められている。ウェブサイトによれば、現在のコレクションは五〇の言語で書かれた約八〇〇〇冊の図書から構成されている［欧文参考資料20］。「人びとの本棚」を見上げる場所には、寄贈式を行う特別

（11）　バロンスが収集したすべての歌はデジタル化されており、インターネットからも閲覧が可能となっている。［欧文参考資料14］

「人びとの本棚」

なスペースが設けられている。これまで、各国の国賓、政治家、著名人などがここで図書の贈呈セレモニーを行ってきた。そのなかには、フランスのマクロン大統領夫妻（フランス抵抗運動の活動メンバーであるルネ・シャール［René Char］の詩集『恋文（*Lettera amorosa*）』を寄贈）、イギリスのリシ・スナク首相（ジェイムズ・ヘリオット［James Herriot］の作品『ヘリオット先生奮戦記（*All Creatures Great and Small*）』を寄贈）など、著名な政治家や文化人が含まれている。

「人びとの本棚」に寄贈された図書でもっとも古いものは、一七四六年に出版された聖書である。また、同じタイトルで重複して寄贈された図書としては、アレクサンドラ・グリーナ（Aleksandra Grīna, 1895～1941）の小説『魂の嵐（*Dvēseļu putenis*）』があり、四一冊の異なる版が保存されている。(12)

この書架に図書を寄贈するとき、寄贈者は必ず「その図書を選んだ理由」をタイトルページに自筆で書くことが約束事となっている。本を寄贈する際によく見られる慣習だが、「人びとの本棚」のコーナーでは、贈呈のために設置されたスペースでのセレモニーとも相まって、贈呈者が選んだ寄贈図書に対する特別な思いを、メッセージとともに強く意識できるような気がする。

六階に上がることにしよう。ここには、地図とパンフレット・小冊子の閲覧室がある。閲覧室には、国内最大となる印刷地図のコレクションがあり、地図、都市計画、旅行ガイド、地図資料など、世界全体をカバーしている三万九〇〇〇点以上のアイテムが保管されている。これらのなかでも、ラトヴィアで発行された一万枚の地図は、ラトヴィアにおける地図の作成史を知るための重要な資料となっている。閲覧室には、大判の地図が広げられる巨大な机が用意されていた。

一方、パンフレットのコレクションとしては、一九世紀から現在までのラトヴィアの社会・文化生活にかかわる小冊子、パンフレットが保管されており、その数は一〇〇万点を超える。そのなかには、名簿、電話帳、住所録、演劇、映画やスポーツのプログラム、政党資料、カレンダー、レストランのメニューなども含まれており、ラトヴィアの市民生活を知るうえでの貴重な情報が提供されている。

子どもの読書に関する実験空間「児童文学センター図書室」

七階にあるのが児童文学センター図書室である。ここは、子どもたちと一般市民に開放された公共図書館であると同時に、ラトヴィアにおける児童サービスの「モデルライブラリー」として使われている。

---

(12)　一九三五年に書かれた小説。第一次世界大戦とラトヴィア独立戦争を描いている。二〇一九年に映画化され、ラトヴィアでもっとも視聴者の多い映画となった。

図書室の入り口に信号機があった。これは、パンデミックの時期に実際に使われていたものである。当時、図書室への入室制限が行われていたため、収容人数を超えると赤のランプが点り、入室できないことを示していた。入室制限が解除された現在も撤去されずに残されている、と聞いた。

第3章（八四ページ）で紹介したように、児童文学センターは建築家事務所「GAISS」が二〇一九年に大改装を手掛けている。その際に意図されたのは、図書室を訪れたことが子どもの記憶に深く刻まれるような空間づくりであった。

児童文学センター図書室は、さまざまな年齢層の読者や多様なプログラムに対応できるように再設計され、機能的かつ視覚的な効果が高い空間を目指して改装が行われた。部屋の内部は、

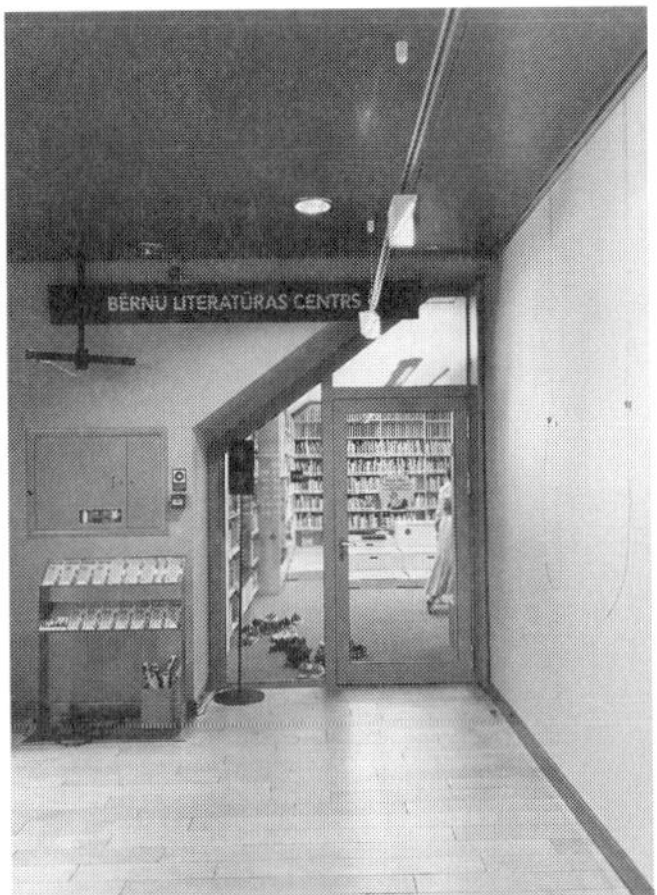

信号機が置かれた児童文学センターの入り口

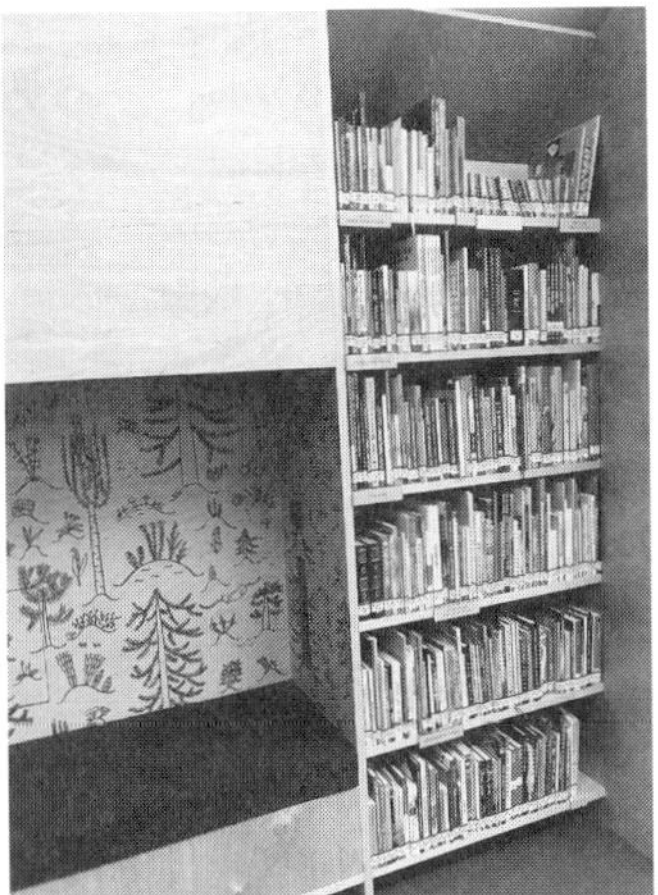
館内は子どもが読書を楽しめるように工夫が凝らされている

ラトヴィアの自然を想起させる森、牧草地、河岸、海辺、沼地、山などのモチーフを使って構成されており、ルータ・ブリエデ氏（八四ページ参照）のイラストが壁一面に描かれているほか、子どもがリラックスして読書できるように、家具の形状にも工夫がこらされている。

児童文学センター図書室では、九月から五月まで、毎週土曜日に「家族の土曜日」と呼ばれるイベントが行われており、児童書作家やイラストレーターとの交流プログラムが実施されてきた。アーティストが主催する美術ワークショップなどの場合は、参加費が無料のうえに、作品づくりに必要とされる材料などもすべて図書館側で用意するということであった。

館内に設置された小さな読書部屋

結婚式も可能なイベントスペース

最上階にあたる八階には、図書館情報学資料閲覧室（Bibliotēku un informācijas zinātņu lasītava）とスキル開発センター（Kompetenču attīstības centrs: KAC）の研修室がある。図書館員を対象とする研修（一五九ページ参照）は、このスペースで行われているという。そして、九階と一〇階には図書館のスペースはなく、八階の上は一一階となる。

一一階にはイベントスペースがある。一〇〇名ほどが集えるこのスペースは、結婚式やそのほかのお祝いイベントやセレモニー、そしてプライベートな集まりに使われており、人気スポットとなっている。また、記者会見などが行われることもあるそうだ。

ビルケルツが描いた新国立図書館のデザインメモ

そして、最上階の一二階は展望台である。高さは地上六三メートル、三六〇度ガラス張りの展望台からは旧市街が一望できる。一二階の一角には、「光の城」の設計者であるビルケルツ・コーナーがあった。そこには、「光の城」の設計図やスケッチ、メモや模型が展示されている。また、幼少期から住んでいた家にあった母親のピアノや、ビルケルツ自身が愛用していたカバンなども展示されていた。

展望台だけでなく、来館者が利用する閲覧室はすべてダウガヴァ川に面している。勉強や読書の最中にふと視線を上げると、そこには滔々と流れる川面と、旧市街の聖ペテロ福音ルーテル教会が視界に入ってくる。「光の城」から聖ペテロ福音ルーテル教会を望むことは、ビルケルツの願望であったという。こんなにも美しい場所がほかにあるのだろうか、と思えるほど見事な眺望である。

本章では、ラトヴィア新国立図書館の歴史、役割、サービス、そして実際の様子を紹介してきた。新国立図書館は、ソ連の占領から脱したラトヴィアが、自分たちの文化を取り戻すための砦として建てられたもので、実際、ラトヴィア全土にある図書館のリーダー的な存在として図書館界を牽引してきた。国立図書館が地方自治体の図書館にこれほどまで深くかかわる例は

対岸に見えるリーガ旧市街

館内の窓から見える聖ペテロ福音ルーテル教会

他国には見られず、ラトヴィア図書館制度の大きな特徴ともなっている。

ラトヴィア新国立図書館は、なぜこれほどまで図書館界において主導権を発揮してきたのだろうか。占領期に弱体化させられた自国語と失われた文化遺産を取り戻すためには、国立図書館という強いイニシアティブをもつ機関が必要とされていたという必然性があった。現在の新国立図書館は、ラトヴィアの読書と図書館サービスを力強くサポートしつつ、独立を自らの手で平和的に勝ち取った人びとの祖国への思いを包み込む場所として存在している。


午後いっぱいをかけて新国立図書館の見学を終えたあと、ヴィクトリヤさんのオフィスに伺い、お茶を飲みながら改めて広大な図書館を隅々まで案内してくれたことに対する感謝の気持ちをお二人に伝えた。

どこの国でも、国立図書館はそれなりに敷居が高いものだ。しかし、ラトヴィア新国立図書館では、そうした権威的な雰囲気がまったく感じられなかった。誰にでも開かれた図書館がまとっている自由な空気は、おそらく一般市民が本を運び入れた開館時から今日まで、時間をかけて醸成されてきたものなのであろう。展望台に上ればリーガの街が一望できるし、無料イベントもたくさん開かれている新国立図書館は、今後もラトヴィアの人びとのお気に入りの場所であり続けることだろう。

第5章

光の島・リーガ中央図書館

詩の朗読室（リーガ中央図書館本館）

本章では、首都リーガにある公共図書館を紹介しながら、ラトヴィアにおける公共図書館の実際の活動について見ていくことにする。まずは、市の中心部が世界遺産となっている首都リーガの様子について紹介したい。そのあと、ラトヴィアの公共図書館を先導するリーガ中央図書館の本館と幾つかの分館を訪ねたときの様子を、写真とともに見ていくことにする。

1 世界遺産の街リーガ

首都リーガの人口は約六〇万人。国の人口が約一八九万人だから、約三割の国民が住んでいることになる。バルト海に流れ込むダウガヴァ川の河口に位置し、「バルト海の真珠」と称される美しい街である。街としての成立は一二世紀まで遡ることができ、一三世紀に「ハンザ同盟」に加盟したことで発展を遂げてきた。旧市街は「リーガ歴史地区」として、一九九七年、ユネスコの世界遺産として登録されている。

旧市街の代表的な建築物を挙げると、一三世紀に建てられた「リーガ大聖堂」や「聖ペテロ福音ルーテル教会」、ドイツ商人の集会所「ブラックヘッド会館」などがある。旧市街には細い路地が多く、城壁跡なども残されていて中世の面影が色濃く残っている。観光客はこのような旧跡を、電気自動車で回遊することもできる。

第5章

光の島・リーガ中央図書館

詩の朗読室（リーガ中央図書館本館）

本章では、首都リーガにある公共図書館を紹介しながら、ラトヴィアにおける公共図書館の実際の活動について見ていくことにする。まずは、市の中心部が世界遺産となっている首都リーガの様子について紹介したい。そのあと、ラトヴィアの公共図書館を先導するリーガ中央図書館の本館と幾つかの分館を訪ねたときの様子を、写真とともに見ていくことにする。

1 世界遺産の街リーガ

首都リーガの人口は約六〇万人。国の人口が約一八九万人だから、約三割の国民が住んでいることになる。バルト海に流れ込むダウガヴァ川の河口に位置し、「バルト海の真珠」と称される美しい街である。街としての成立は一二世紀まで遡ることができ、一三世紀に「ハンザ同盟」に加盟したことで発展を遂げてきた。旧市街は「リーガ歴史地区」として、一九九七年、ユネスコの世界遺産として登録されている。

旧市街の代表的な建築物を挙げると、一三世紀に建てられた「リーガ大聖堂」や「聖ペテロ福音ルーテル教会」、ドイツ商人の集会所「ブラックヘッド会館」などがある。旧市街には細い路地が多く、城壁跡なども残されていて中世の面影が色濃く残っている。観光客はこのような旧跡を、電気自動車で回遊することもできる。

リーガ大聖堂

聖ペテロ福音ルーテル教会

旧市街を巡る観光用の電気自動車

細い路地が多い旧市街

ブラックヘッド会館

旧市街と新市街のちょうど真ん中あたりに、一九三五年にラトヴィアの独立を記念して建てられた、高さ四二メートルの自由記念碑がある。自由記念碑は、ラトヴィア独立戦争で亡くなった兵士を追悼するために建てられたもので、ラトヴィア国家、国民の独立と自由の象徴ともなっている。

第二次世界大戦後、ラトヴィアソヴィエト社会主義共和国時代に記念碑を取り壊すことが検討されたが、この記念碑がラトヴィア国民のアイデンティティそのものであることが配慮され、破壊に至らなかったという。一九八七年には、記念碑の近くで「反ソデモ」が起こったことでも知られている。

自由記念碑（Brīvības piemineklis）

ユーゲントシュティール建築地区

リーガといえば、旧市街の古い建物に加えて、一九世紀末から二〇世紀初頭に建てられたユーゲントシュティール建築が集まる一帯「ユーゲントシュティール建築地区」も有名である。リーガには八〇〇軒を超えるアールヌーボー建築があると言われているが、その多くがアルベルタ通り（Alberta iela）とエリザベテス通り（Elizabetes iela）に集中している。この地区にはミハイル・エイゼンシュテイン（Михаил Эйзенштейн, 1867～1920）らが設計した独特の装飾を施した建築物が集中的に建ち並んでいることもあって、珍しい建築物を見学する観光客で一年中賑わっている。

一九九一年に独立を果たしてからまだ三〇年と少ししか経っていないラトヴィアだが、旅行者の目に映るリーガは、ヨーロッパのほかの国の首都と何ら変わらないように見える。グローバル企業が進出しており、中心街には、世界中のどこの都市でも見かけるブランドの店舗が立ち並んでいる。人びとの様子を見ていても、やはりそのように感じてしまう。

リーガは公園の多い街で、夏の間は年齢を問わずに公園で過ごす人が多い。公園のベンチに座っていると、コスプレ衣装を身につけてダンスの振り付けに余念のない女の子

公園が多いリーガ市中心部

エイゼンシュテインがデザインした建築物

たち、スケートボード用のスペースで新しい技を繰り返し練習する若者グループなど、世界中どこに行っても見られる風景がリーガにも同じようにある。

二〇二三年の夏に目立った風景といえば、電動キックボードで行き交う人びとの姿である。日本でも電動キックボードを利用する人が増えてきているが、リーガの街には至る所にキックボード用のハブがあり、若きも老いも電動キックボードで街中を移動していた。

そんなリーガでもっともポピュラーな電動キックボードといえば「Bolt《ボルト》」である。Boltは、エストニアで二〇一三年に創業した、配車、カーシェアリング、キックボードシェアリング、料理や食料品の配達などを手掛けている会社で、現在四五か国以上でサービスを提供している。リーガの街では、電動キックボード、レンタルサイクル、タクシーなど、至る所でBolt関係のサービスを見かけることになる。

携帯電話を持つ観光客の姿がなければ、旧市街は中世のまま時が止まっているような佇まいを見せていた。どの通りにも歴史的な重みが感じられ、まさに世界遺産にふさわしい街並みとなっている。私のリーガ訪問の目的は図書館の視察であるため、図書館が閉まっている日曜日に旧市

市民の足になっている電動キックボード

街の観光に訪れたが、散策しているうちにあっという間に時間が過ぎてしまった。

　さて、目指すリーガ中央図書館本館は、旧市街を抜けたところからはじまる新市街のはずれにある。普通なら、旧市街から新市街までの移動にはバスや路面電車を使うのであろう。だが、旧市街と新市街の間には、散策に気持ちのよい緑地帯が多かったので、気付くと、旧市街から新市街までの信じられないような道のりを歩いてしまっていた。これも、リーガという街がもつマジックなのかもしれない。

2　リーガ中央図書館の運営体制(1)

　リーガ中央図書館はリーガ市が直接運営にかかわっている公立の文化施設で、リーガ市教育・文化・スポーツ部に所属している。リーガ中央図書館の構造を簡単に表すと次ページの**図5－1**のようになる。

　リーガ市には、リーガ中央図書館本館を頂点にして、図書館ネットワークが張りめぐらされている。少しややこしいのだが、「リーガ中央図書館」はリーガ市の図書館ネットワーク全体の呼

(1)　本節は、「欧文参考文献21」を参照してまとめている。

図５－１　リーガ中央図書館の構成図

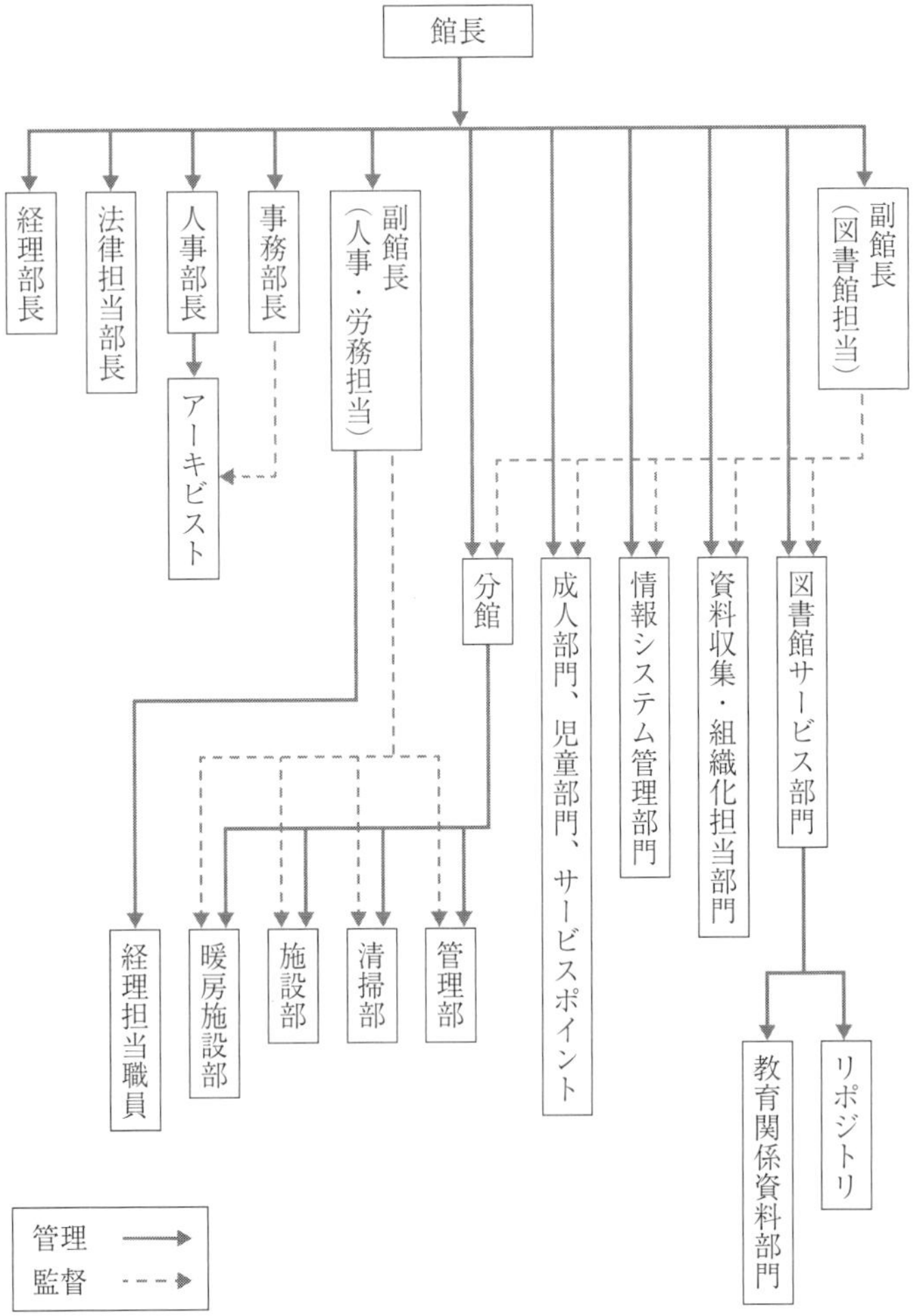

リーガ中央図書館は公立学校図書館（101館）の運営を管理・監督
出典：[欧文参考資料55]。

図5－2　リーガ中央図書館本館・分館とラトビア国立図書館分布図

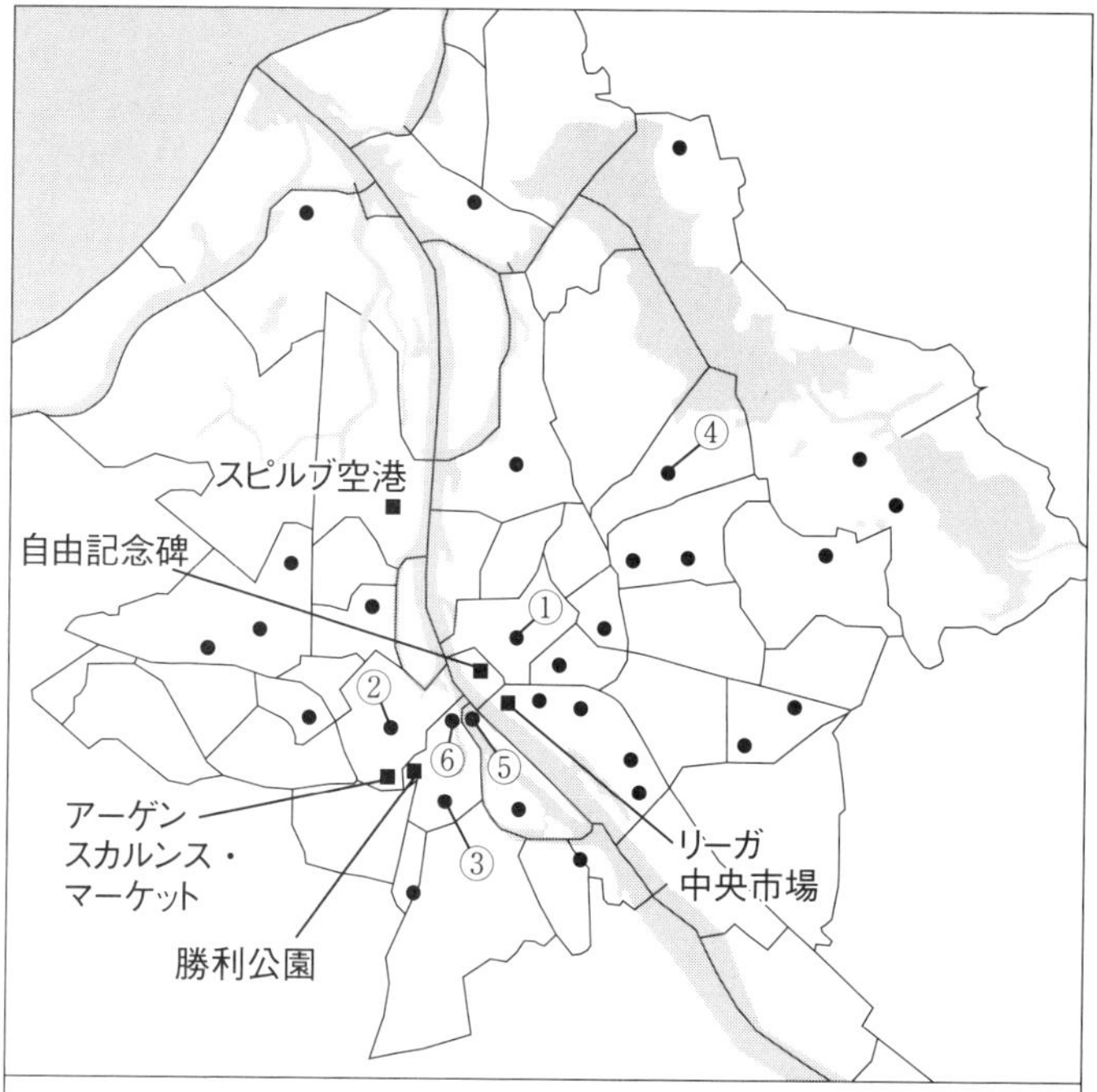

①リーガ中央図書館本館
②アーゲンスカルンス分館
③トルニャカルンス分館
④チエクルカルンス分館
⑤ルツァヴサラ・スポーツ・レクリエーション公園内ビーチ読書室
⑥ラトヴィア新国立図書館

出典：[欧文参考資料52] より作成。

称であると同時に、ブリーヴィーバス通り（Brīvības iela）にある中央館を意味している。そのため本書では、混同しないように、「リーガ中央図書館中央館」のことを「リーガ中央図書館本館」と呼ぶことにしたい。

リーガ市の図書館は、本館を中心として二六館の分館と、三か所のサービスポイントから構成されている。職員の総数は二三二名で、うち一六一名が司書である。年齢別分布としては、三九歳以下が一四パーセント、四〇歳以上が八六パーセントとなっており、平均年齢が高くなっている。職員のなかには、ロシアによるウクライナ侵攻によってラトヴィアに逃れてきたウクライナ人が三名含まれている。分館の数がかなり多いわけだが、その規模は図書館によってかなり差がある。

分館以外に図書館サービスを提供している場所が三か所ある。小児医療大学病院内にある「サニーデイズ図書館（Saulaino dienu bibliotēka）」、ホームレスと低所得者のための「リーガ・シエルター・デイセンター」、そして「リーガ中央刑務所」の中にある施設である。病院内とデイセンターには司書を派遣しているが、刑務所の図書館へは什器および資料の提供のみで、司書の派遣は行っていない。そこでは、刑務所の職員が被収容者に対して図書館サービスを提供している。

リーガ中央図書館の予算

二〇二二年度の予算は、三七八万九四二一ユーロ（日本円で約五億九五〇〇万円）であった。支出の高い順に挙げると、人件費、資料購入費、雑誌購入費、電子資料購入費となっている。有料サービスからの収益として約三万ユーロ（日本円で約四七一万円）を見込んでいたが、コピーやプリント出力が減ったことに伴って減少している。(2)

第3章で述べたように（一一四ページ）、ラトヴィアでは電子書籍を読むためのプラットフォーム「三番目の息子 e-book ライブラリー」を導入して、その普及に努めてきたわけだが、パンデミックによって電子書籍の貸出が浸透し、ユーザー数は四〇〇〇人を超えている。しかし、パンデミックが落ち着き、図書館に訪問できるようになった二〇二二年後半には、紙の図書に利用者が戻ってきたことが確認されている。

すべての人を包み込む「インクルーシブ・ライブラリー」

公共図書館の役目は、どこの国でも文化格差を埋めることにある。なかでも公共図書館は、情

（2）予算については、「欧文参考文献18」を参照した。

報と文化への無料アクセスを保障することで、社会的・文化的に不利な立場・弱い立場に置かれた人びとを包み込み、文化的な包摂を目指してきた。

　近年、リーガ中央図書館では、すべての住民を包摂することを目指して「インクルーシブ・ライブラリー（Iekļaujošā bibliotēka）」という名称のプロジェクトに注力している。具体的には、高齢者センター、特別支援学校での図書館サービス、情報アクセスが困難な人びとを対象とした「りんごの本棚（Ābolu plaukti）」[3]の設置などが進められてきた。事実、社会福祉センター、リハビリセンター、デイセンターなどと連携して、定期的に資料を届けている分館もある。

読書が困難な利用者のための資料を集めた「りんごの棚」（リーガ中央図書館本館）

　こうしたサービスが成功した理由の一つとして、リーガ中央図書館が継続的に障害者関連組織などとの関係構築に努めてきたことが挙げられる。二〇二二年には、インクルーシブ・ライブラリーに関するセミナー、講演会、展示会、イベントを頻繁に実施しており、コミュニティーにおける公共図書館のプレゼンスを大いに高めている。

すでに述べたように、リーガ中央図書館には、分館以外にも三か所の図書館サービスの拠点がある。小児医療大学病院内の図書室は二〇〇六年に開室し、司書を派遣して、子どもの患者や保護者、そして職員に図書を提供してきた。また、ホームレスや経済的貧困者を対象に二〇〇九年に設置されたデイセンターには、近隣の分館から図書館員を派遣し、訪問者に図書館サービスを提供している。デイセンターには六〇席の閲覧席と専用端末が用意されており、自由に利用できるようになっている。

図書館からは、利用者の生活向上に資するさまざまな情報を提供するほか、情報検索や電子メールの利用法、ウェブサイトの閲覧方法などに関するアドバイスも積極的に行っている。前述したように、矯正施設の図書館には司書を派遣していないものの、館内のレイアウトや図書館に置かれる資料の選択については司書が関与しているそうだ。被収容者には、司書が選んだ図書や最新の新聞・雑誌が提供されている。これらのサービス拠点は、情報への平等なアクセスを確保し、情報が届きにくい人びとの社会的、経済的、文化的包摂の促進に直接寄与している。

（3）「りんごの本棚」とは、読むことに困難がある人びとのための資料を集めた専用書架のこと。手話による資料、触る絵本、点字図書、大活字本、録音図書、文章が分かりやすく書かれた本などが置いてある。ロンドンが発祥地であり、その後、北欧各国に広がっていった。日本でも、「りんごの本棚」を設けている図書館が増えつつある。

3 リーガ中央図書館のサービス

ここからは、図書館が提供しているサービスを具体的に見ていくことにしよう。

図書館のサービスを把握するために、ここでは「リーガ中央図書館利用規則」［欧文参考資料53］を使うことにする。図書館には、必ず各館ごとに利用規則が用意されているが、それらは図書館のサービスを網羅的に把握するためにとても便利な文書となっている。利用規則はウェブサイトにも掲載されているが、リーガ中央図書館でとても興味深く思ったのは、どこの図書館にも利用規則が目立つところに置いてあったことである。

どこの図書館でも利用規則が目立つ場所においてある（リーガ中央図書館本館）

利用規則には、図書館が利用者に提供しうるサービスをすべて示すとともに、利用者が図書館サービスを受ける**権利**と利用にあたって果たすべき**義務**が明記されている。利用規則は、サービスの提供側と利用側の双方が図書館でできることを確認し、安全に図書館を運営していくツールと考えることができる。職員と利用者がいつでも参照できるようになっていることは、図書館に

表５－１　リーガ中央図書館の無料・有料サービスリスト

無料サービスの種類	
図書館への利用者登録と利用者カードの発行	
館内での図書の閲覧やその他の情報資源（電子書籍、視聴覚資料、情報検索ツール、データベース）の利用	
館外貸出	
「りんごの棚」コーナー(注)に配架された情報資源の利用	
EU 情報コーナーに配架された情報資源の利用	
ラトヴィア国立デジタル図書館の電子情報資源の利用	
館内コンピュータ、インターネット、電子情報資源の利用 図書館サービス利用のための機器や設備（WiFi サービスなど）の使用	
図書館利用（資料、情報検索、機器の利用法等）にかかわる相談	
レファレンスサービス（主題、書誌、事実に関する調査）	
図書館が読書振興のために実施するイベントへの参加	
障害者を対象とした自宅で受ける図書館サービス	
有料サービスの種類	**料金**
付加価値税が免除されるサービス	
資料のコピー（A４判白黒１ページ）	0.1ユーロ（約16円）
資料のコピー（A４判カラー１ページ）	0.94ユーロ（約148円）
付加価値税の対象となるサービス（支払額は料金＋付加価値税の合計）	
持ち込み資料のコピー（A４判白黒１ページ）	0.1ユーロ（約16円）
持ち込み資料のコピー（A４判カラー１ページ）	0.15ユーロ（約24円）
コンピュータからの印刷（A４判白黒１ページ）	0.1ユーロ（約16円）
コンピュータからの印刷（A４判カラー１ページ）	0.14ユーロ（約22円）
資料のスキャン（１ページ）	0.1ユーロ（約16円）
借り出した図書を、指定期間を超えて利用する場合	１日ごとに0.02ユーロ（約３円）
利用者カードの再発行	３ユーロ（約471円）

（注）読むことに困難がある人びとのための資料を集めた専用書架。
出典：［欧文参考資料５］と［欧文参考資料42］より作成。

関する理解を深めることにもつながっている。また、図書館が提供するサービスは無料サービスと有料サービスに分かれているのだが、その内訳が利用規則に明記されている。無料となるサービスは図書館の基本サービスを意味しており、リーガ中央図書館の場合は**表5－1**（前ページ）のように定められている。

リーガ中央図書館を使うためには、まず図書館カードをつくるための専用登録が必要である。未成年が登録する場合には、親権者の同意書も必要となる。登録後に渡される利用者カードを所持していれば、リーガ市の全分館から図書を取り寄せることが可能である。

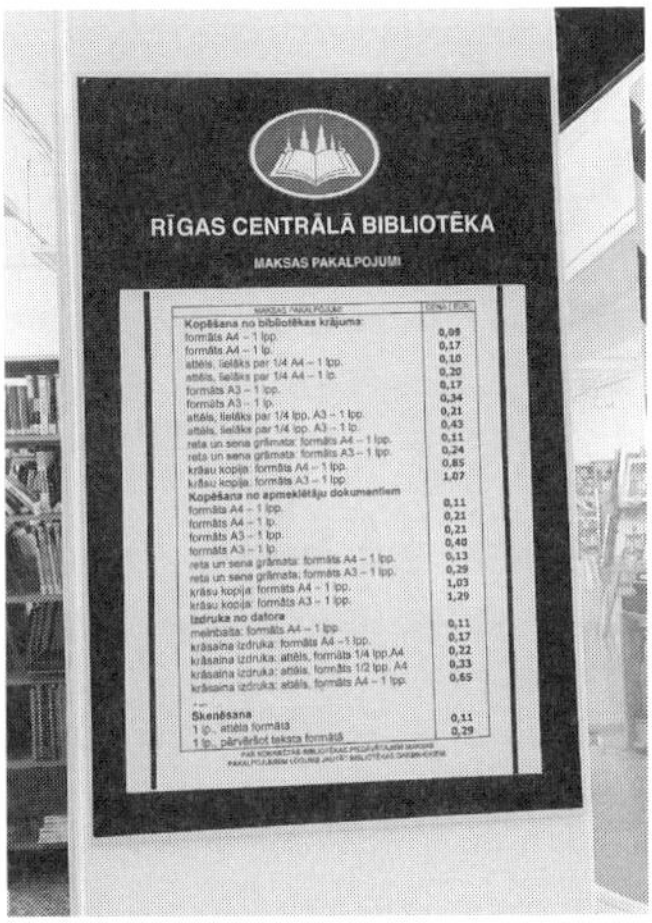

館内に示された料金表パネル（リーガ中央図書館本館）

ところで、リーガ中央図書館から借りられる図書の数は一回五冊以内と定められており、その期間は二週間となっている。興味深いのは、返却期限までに返さなかった資料にかかる経費の説明として、「発行された書籍やその他の情報メディアを**指定期間を超えて利用する**場合」と表現されていることである。

日本では、延滞料を徴収する図書館は極めて稀である。延滞料は、共同利用のために存在する公共財を規定されている時間を超えて占有することに対する対価の要求であり、アメリカ、ヨーロッパではほぼ例外なく延滞料を利用者に課している。スカンジナビア諸国の公共図書館において、延滞者が延滞料を支払う場面にたびたび遭遇しているが、利用者のほうはそれほど恐縮した様子を見せず、司書もあっさりと徴収していた。

「公共財を規定の時間を超えて占有する」ことに対して、相当の金額を支払うというスタイルが海外の図書館では定着しているようだ。もちろん、正当な理由なく長期にわたって資料を独占することは、公共のモラルに抵触するため避けるべきだが、公共サービスの内容に応じて対価を払うという文化が浸透していると言えるだろう。もし、延滞料を支払わない場合には、延滞料金が支払われるまで図書館サービスを受けることができない。

次は、利用規則に明記されている利用者の義務について見ていくことにする。

まず利用者は、図書館から資料を借り受ける場合には、「貸出手続きを行う必要がある」と明記されている。一見当たり前のように思える規則で、わざわざ書く必要があるのかと不思議に思われるかもしれないが、リーガ中央図書館には、本館、分館ともに、資料の無断持ち出しを防止するためのセキュリティ装置「ブックディテクションシステム（Book Detection System：ＢＤＳ）」が設置されていない。だから、貸出手続きをせずに図書館の資料を館外に持ち出してしま

コ・ラ・ム

公共図書館における課金

公共図書館は、人々の知る権利と学ぶ権利を保障する文化機関であり、最初に登録すれば、原則として無料で利用することができる。しかし、1970年代以降、公共図書館が紙資料以外のさまざまなメディア、とくに高額なデータベースの利用がサービスに含まれるようになってから、公共サービスにかかわる受益者負担の考え方が浸透してきた。課金制といっても、館内での資料の閲覧、資料の借り出し、レファレンスサービス、図書館に備え付けられている機器の利用、館内滞在といった図書館の基本的サービスに料金が課されるわけではない。資料の取り寄せや、高度な情報サービスの手数料など、特別なサービスを課金対象とするのである。

海外では、公共図書館における特定のサービスに対する課金はそれほど珍しいことではない。新刊図書やベストセラーの貸出に課金する図書館まである。また、オランダのように会員制をとり、会費を支払って会員にならないと資料の貸借ができない国もある。出典：[和文参考文献12]

うことが可能なのだ。

スカンジナビア諸国に関していえば、フィンランドを除けばデンマーク、スウェーデン、ノルウェーの公共図書館において、ＢＤＳはほぼ一〇〇パーセントの設置率となっている。ＢＤＳの設置されていない図書館は今日では珍しいため、館長にその理由を尋ねてみたところ、「利用者を信頼しているから」というとてもシンプルな回答が瞬時に返ってきた。

紛失や破損については、利用者の責任において、対象となった資料と同一のもの、または図書館が同等であると認めたものと交換することになっている。

利用規則には、携帯電話のマナーや飲食についての注意事項も書かれているが、館内でのおしゃべりや飲食について質問してみたところ、「おおむね寛容な態度で接している」とのことだった。大声で喋ることはもちろん御法度であるが、普通のおしゃべりであれば問題ないそうだ。

ちなみに、本館の館内には、静かに読書や勉強をしたい人のための「静寂室」が設けられている。また、飲食もサンドイッチ程度の軽食であれば、とくに禁止はしていないとのことだった。

リーガの生涯学習施設と図書館

公共図書館は、コミュニティーの生涯学習施設を代表する施設である。日本であれば、公民館を代表格として、各地域にたくさんの公的な生涯学習施設が存在している。リーガ市の生涯学習施設の設置状況はどのようになっているのだろうか。リーガ市教育・文化・スポーツ部のスポーツ青少年管理部部長のディナ・ヴィークスナ（Dina Viksna）さんによれば、リーガ市全体の傾向として、公共の建物や自治体のリクリエーション・学習施設に図書館が併設されている場合が多いという。

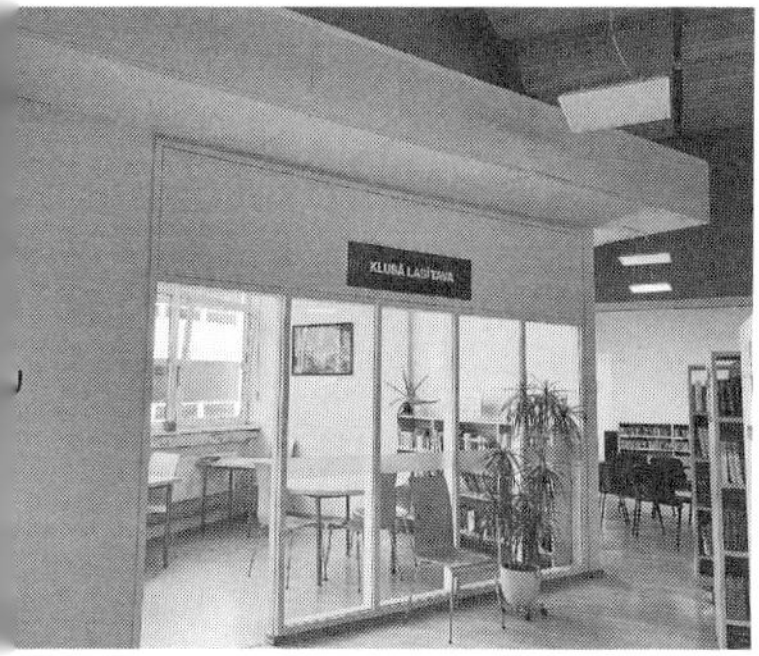

静寂読書室（リーガ中央図書館本館）

併設施設では、さまざまな文化・教育・余暇プログラムが実施されている。その結果、文化プログラムに参加した人びとが図書館を訪問し、逆に図書館を訪れる人が文化プログラムに参加するという相乗効果が現れているとのことである。(4)

リーガの生涯学習プログラムを統括しているのは、リーガ市教育情報センターである。これまでは、手芸やアートなど、趣味を学ぶ講座が多かったようだが、現在では、外国語、ＩＴリテラシーなどといった実践的な学習プログラムが多くなっている。コーチング、時間管理、ストレス管理、コミュニケーション改善など、自己啓発系のプログラムが増加しているのは、世界的な傾向と言えそうだ。プログラムは、対面とオンラインの二種類で実施されている。

待ち合わせ場所は図書館！

リーガ中央図書館が最近手がけたプログラムを紹介しておこう。

新型コロナウイルス感染症のパンデミックを経て、図書館に少しずつ人が戻ってきたタイミングで、リーガ市議会文化プロジェクトコンペティションの助成を受けて、二〇二一年四月から「待ち合わせ場所は図書館！」というプロジェクトを開始した。参加した館は、ボルデラーヤ分館（Bolderājas filiālbibliotēka）、チエクルカルンス分館、ヤウンツィエムス分館、ゼムガレ分館（八九ページ参照）の各館である。

このプロジェクトには、美術系の教育機関に通う学生の作品コンテストが含まれていた。プロジェクトに参加した学生は、「過去、現在、未来の図書館」をテーマにしたドローイング、詩、短編小説などの作品を創作し、優秀作品が巡回展において展示されている。

二〇二一年九月、ゼムガレ分館では、パールダウガヴァ音楽芸術学校の学生と芸術家のリリヤ・ベルジンスカ氏（八九ページ参照）の交流イベントが行われ、ベルジンスカ氏は学生たちに向けて、作家の仕事や読書と図書館の役割について率直に語っている。

一方、就学前学校と同じ建物内にあるヤウンツィエムス分館では、作家のエヴィヤ・グルベ氏（八九ページ参照）が子どもたちと交流会を行い、ボルデラーヤ分館では、ボルデラーヤ音楽・美術学校の生徒と教師がベルジンスカ氏と交流した。

ベルジンスカ氏は、小さいころは自宅の本棚が自分の図書館であり、その後、学校図書館に通ったこと、現在は図書館が出会いの場になっていると話したあと、「作家は図書館なしでは存在し得ない」と語っている。第3章で述べたように、作家や芸術家は、図書館において気軽に利用者との交流を深めていることが分かる。

（4）日本では、最近設置された図書館は複合施設に入ることが多く、公民館やコミュニティー文化センターなどとの連携が進んでいる。しかし、大多数の公民館・図書館は単体の施設として設置されている。

図書館員がガイド役を務める文学散歩

「文学散歩」は作家の足跡をたどるプログラムで、ラトヴィアの公共図書館では非常に定着している。リーガでも人気のプログラムであり、定期的に開催されている。そのルートは、事前に図書館員が郷土資料などを利用して、ある作家のゆかりの地について調査したうえで決められるという。当日は、図書館員がガイド役となって、参加者にテキストを朗読したり、説明をしながら二時間ぐらいかけて散歩することになる。

文学散歩を後援しているのは、リーガ市教育・文化・スポーツ部文化部局である。二〇二〇年には、サルカンダウガヴァ分館（Sarkandaugavas filiālbibliotēka）とパールダウガヴァ分館（filiālbibliotēka "Pārdaugava"）が企画した文学散歩のほか、小学生向けの文学散歩もあった。

本館が「文学散歩」として企画したのは「旧市街：最初の街歩き」というものであった。文学者の足跡をたどりながら、一時間ぐらいをかけて旧市街を図書館員がガイドしながら一緒に歩くという催しである。さらに、ウクライナ難民を対象にしたものもあったそうだ。

「文学散歩」は、ラトヴィア公共図書館の定番サービスと言えるだろう。本館、分館を問わず、「文学散歩」を楽しみにしている利用者が多いと聞いた。

4 リーガ中央図書館本館探訪記

それでは、リーガ中央図書館本館の様子を詳しく紹介していくことにする。

リーガ市の中心部は「旧市街」と「新市街」に別れているが、本館は新市街に位置するリーガ市最大の公共図書館である。ラトヴィア独立のシンボルでもある「自由記念碑」（一九四ページ参照）から歩いて一五分ぐらいで到着できるという、とても便利な場所に位置している。

図書館のすぐ裏手には、一五世紀に建てられたゴシック教会「古聖ゲルトルード福音ルーテル教会」がある。この界隈は、「ユーゲントシュティール建築の宝庫」として知られており、観光客が集まる場所ともなっている。

図書館の目の前にはユーゲントシュティール建築が立ち並ぶ

図書館の裏手にある古聖ゲルトルード福音ルーテル教会

本館は、交通量の多いブリーヴィーバス通りに面した建物の二階、六階、七階を占めている。図書館が入っている建物は「リーガ・モードハウスファッションハウス」として知られているが、ユーゲントシュティール様式の名建築が立ち並ぶ界隈にあって、驚くほどシンプルなビルである。館長の話によれば、「外見よりも、今後の図書館の発展やサービス内容を重視して、この簡素な建物が選ばれた」とのことであった。

二七館を擁するリーガ中央図書館の運営部門に関して説明すると、ブリーヴィーダス通りの本館にあるのは館長・副館長室のみである。ほかの運営機能、つまり図書館サービス、資料収集と組織化、プロジェクトと広報、情報システム管理、生涯学習プログラム、リポジトリなどといった中核的な機能は、ダウガヴァ川を隔てた対岸のジエプ

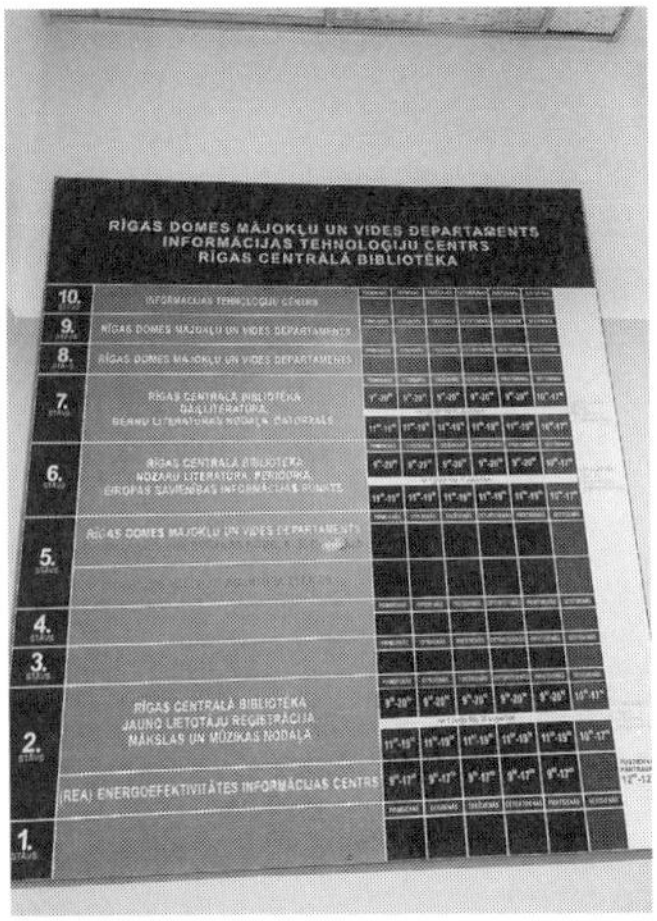

図書館は２階６階７階を使っている

中央図書館本館の外観

ニエクカルンス（Ziepniekkalns）地区のグラウドゥ通り（Graudu iela）に置かれており、そこで主要な業務が行われている。

本館には、館長・副館長室に加えて、成人資料部門、利用者登録部門、美術・音楽コレクション部門、ノンフィクション部門、レファレンス部門、フィクション貸出部門、児童文学部門の図書が配備されている。

開館時間は、月曜日、火曜日、木曜日は一一時から一九時、水曜日と金曜日は一〇時から一八時、土曜日は一〇時から一七時、そして日曜日は休館となっている。街の中心街にあって、人びとに知識を提供するリーガ中央図書館本館は、「リーガという街の海に浮かぶ〈光の島〉」と呼ばれている。

本館をめぐるライブラリーツアー

二〇二四年八月一〇日、本館を隅々まで案内してくれたのは、司書としての将来が嘱望されている成人文学部門の主任司書であるダニエラ・シュテレンシュス＝バセ（Daniela Šterensus-Base）さんである。

本館の入っている建物の一階は、リーガ市近隣住民センターとリーガ上下水道管轄事業者が入っており、二階にある図書館へのアプローチはかなり分かりにくい造りとなっている。そんなこともあってダニエラさんは、当日、約束の時間に図書館の入り口で待っていてくれた。

狭い階段を上っていくと、利用者が登録するためのカウンターと広めの展示ホールがあった。展示ホールでは、プロ、アマチュアを問わず、アーティストの個展が定期的に開催されている。このスペースは人気があるため、かなり前から予約する必要があるとのことだった。私が訪問した日は、ノルウェー人画家ベアテ・イェシュヴォル（Beate Gjersvold）氏の展覧会が、美術センターとの連携で開催されていた。

その奥には、ラトヴィア語および外国語の小説コレクション、演劇関係の図書と雑誌、視聴覚資料が配架されていた。

同じフロアに、地域資料室と静寂読書室がある。リーガ市立中央図書館本館では首都リーガの資料を集中的に収集しており、地域資料コーナーだけを集めた小さな部屋が設けられている。ラトヴィア語の図書だけでなく、日本語も含めて、各国語で書かれた地域資料が閲覧可能となっている。同じ部屋の一角には、リーガ

ノルウェー人画家の展覧会

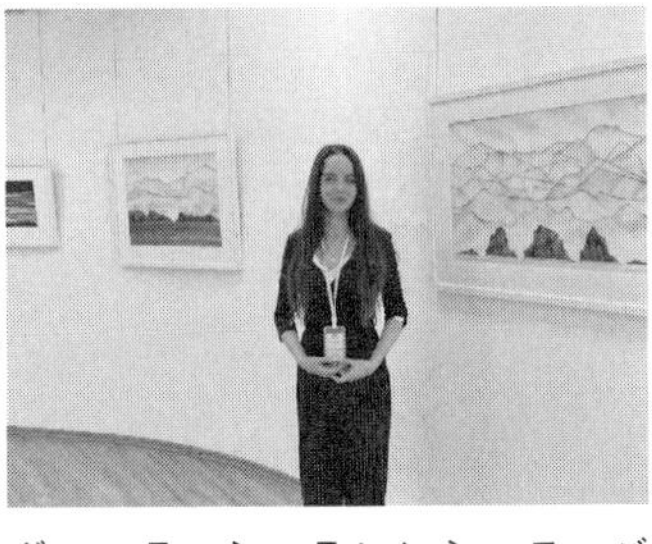
ダニエラ・シュテレンシュス＝バスさん

中央図書館の歴代館長の写真を展示したコーナーや、これまで図書館が刊行してきた資料を集めたコーナーもある。

二階の奥に、ちょっとしたイベントスペースがあった。ラトヴィアの公共図書館では、読書関係のイベントが頻繁に行われている。第1章で紹介したように、図書館でとくに人気のプログラムといえば、作家が図書館を訪問して利用者と交流するイベントである。このスペースは、そうしたイベントに使われているようだ。

さて、六階に上がってみよう。ここには、専門図書のコレクション、定期刊行物のコレクションが配架されているほか、利用者用の端末もこの階に置かれている。ラトヴィア史の書架に目をやると、書架の側板には「ラトヴィアの古代史（一二世紀末まで）」、「ラトヴィアの歴史（一二世紀から二〇世紀初頭まで）」、「第一次世界大戦期（一九一四年～一九一八年）」、「ラトヴィア共和国

ピアノが置かれたイベントスペース

リーガ中央図書館がこれまでに刊行した出版物を集めたコーナー

（一九一八年〜一九四〇年）」、「ソヴィエト・ラトヴィア（一九四〇年〜一九九〇年）」、「復興ラトヴィア共和国（一九九〇年五月四日）」と書かれた案内板が貼り付けられていた。その案内板から、書架がラトヴィアの苦難に満ちた複雑な歴史を物語っているように感じられた。

　資料といえば、リーガ中央図書館では、図書館員が新聞・雑誌からテーマごとに関連記事を切り抜いてつくる「クリッピングサービス」がまだ実施されている。クリッピングサービスは、インターネットが普及するまで公共図書館の重要な情報提供サービス手法であったが、いつしか図書館から消えていった。しかし、リーガ中央図書館には、懐かしいサービスが現役のものとして残っているのだ。

　六階には、利用者用のコンピュータも設置されている。リーガ中央図書館でコンピュータを使うためには、まず利用申請を行ったうえで「利用時間」を申告する必要が

新聞コーナーの利用者

書架側板に示されたラトヴィア史の歴史区分

ある。また、コンピュータを使用している間は、利用者カードを図書館員に預けておくことが義務づけられている。

コンピュータの利用時間は原則一時間となっているが、電子メールの送受信のために利用する場合の制限時間は一五分となっている。スカンジナビア諸国の公共図書館では、ほとんどの図書館が制限時間を設けず、自由にコンピュータが利用できるだけに、リーガ中央図書館の利用規則はとても厳格なように感じられる。

館内の端末に関する禁止事項としては、プログラムのインストール、設定の変更、ケーブルの取り外し、暴力、ポルノ、薬物情報、ギャンブルなどといった有害コンテンツへのアクセスのほか、子どもに悪影響を与えるコンテンツへのアクセスとなっている。これらは世界共通の決まり事である。なお、六階にはEU加盟国の図書館でお馴染みとなっているコーナー「EU情報ポイント（Eiropas Savienības Informācijas punkts）」も設置されており、EUが取り組む社会問題について最新情報を提供している。

EU関係の資料を提供するコーナー
「EU情報ポイント」

さて七階だが、ここには美術と音楽のコレクション、楽譜、美術・音楽関係の雑誌コレクション、オーディオブック、詩の朗読室、児童および青少年向けの書籍、定期刊行物がある。

本館の児童文学部門は、子どもへのサービスだけでなく、文学者やアーティストなど、創作者を支援する観点からも重要な役割を担っている。というのも、ラトヴィアの公共図書館は、作家やアーティスが個展を開く場所の一つとなっているからである。このような機能をもつリーガ中央図書館本館の児童室は、新進気鋭の作家やアーティストが生まれる場所として紹介されているほどである。

児童文学部門は、出版社が企画する読書推進プログラムにも、中心となって[5]参加してきた。たとえば、児童書出版社の「ズヴァイグズネＡＢＣ」が主催している「読書リレー」に積極的に参加し、子どもたちの読書をサポートしている。

リーガ中央図書館本館のなかでもとりわけユニークなスペースとして「詩の朗読室」がある。この部屋は、リーガ中央図書館の開館一一〇周年を記念してつくられたもので、二〇一六年四月五日にオープンしている。部屋を取り囲む書架のすべてに詩集が配架されており、部屋の中央部は、二〇名ほどが収容できる文学イベントを行うためのスペースとなっている。

児童室

「詩の朗読室」では、詩人や作家を招いてイベントを実施するだけでなく、一般市民の創作イベントにも積極的に利用されている。たとえば、二〇二三年一一月には、アメリカ発祥の「全国小説執筆月間(6)（NaNoWriMo《ナノライモ》）」というイベントがこの部屋で行われた。ラトヴィアで行われるようになってから一〇年以上が経つが、二〇二三年一〇月には「全国小説執筆月間」のためのプログラムが「詩の朗読室」で開催されている。キックオフミーティングが一〇月二八日に行われ、その後、六回にわたって毎週一回、「NaNoWriMo」に参加する人がこの部屋に集まり、小説の執筆に取り組んだ。

（5）　読書リレーは、アメリカで二〇一六年から開始された読書推進コンクールで、子どもたちは三段階の年齢層に分かれて、図書の宣伝文やレビューを書いたりして、その出来映えを競っている。

（6）　全国小説執筆月間（National Novel Writing Month）、通称「NaNoWriMo」は、一九九七年にはじまったアマチュアによる小説執筆イベント。参加者は、一一月中に五万字の小説執筆に取り組む。開始当初は二〇名足らずだった参加者だが、今や四〇万人以上にまで増加している。

詩の朗読室の入り口

詩の朗読室の展示コーナー

利用者が語る図書館の魅力

リーガを訪れていた時期、初秋に入りかけるラトヴィアの八月にしてはとてもよい気候が続いていた。そのため、人びとは太陽を楽しもうと屋外に繰り出し、図書館は閑散としていた。そんななか、図書館を訪れた利用者から少しだけ話を聞くことができた。

そのうちの一名は大学教員で、児童心理学を専門とする研究者だった。彼女は、研究対象としての児童書を借りるために図書館に来ていた。「図書館の利用頻度は月一度ぐらい。図書館の文化プログラムには参加したことはありません」と話してくれ、「電子書籍も紙の本も使うが、紙の本のほうが好きです」と言っていた。

この図書館は、彼女にとってはとても寛げる場所のようで、古聖ゲルトルード福音ルーテル教会が望める窓からの眺めをかなり気に入っているようだった。

話を聞いたもう一人の女性は、ダウガウピルス（Daugavpils・リーガから南東二三〇キロ）からリーガに引っ越してきたばかりとのことで、この日、初めてリーガ中央図書館を訪問したという。ロシア語が彼女にとって第一言語で、「ロシア語の図書を借りる予定です」と話してくれた。引越し前には、週に二回ほど図書館を訪問していたほどのヘビーユーザーである。

読書好きの彼女は、本の情報を探すときに「bookmate」(7)というアプリをよく使っているそうだ。

「図書館の文化プログラムにはあまり参加したことはないけれども、一度、詩人の図書館訪問プログラムに参加しました」と教えてくれた。

「図書館で勉強をすることもあるのですが、コンピュータは使いません」と話す彼女にとって、図書館は「心安らぐ場所」であり、集中できる場所になっているようだ。

図書館界の重鎮が考えるリーガ中央図書館の将来

この日、リーガ中央図書館について話を聞かせてくれて、複数の分館を案内してくださったのは、リーガ市の二七館の図書館を束ねるリーガ中央図書館館長のジドラ・シュミタ（九五ページ参照）さんである。

ジドラさんは、ラトヴィア図書館評議会の議長、国家文化評議会のメンバー、そして図書館認定委員会（Bibliotēku akreditācijas komisija）の委員長を歴任するなど、ラトヴィア図書館界の中心人物である。リーガ中央図書館に来る前は、ラトヴィア国立図書館に二〇年にわたって勤務し、運営者側として「光の城」の開館イベントにも立ち会っている。

（7）電子書籍購読アプリで主にスマートフォンで利用する。英語、セルビア語、スペイン語、ロシア語、エストニア語、トルコ語、スウェーデン語、ウクライナ語、デンマーク語の九か国語での利用が可能。

ジドラさんは、一九九〇年代のラトヴィア独立期にリーガ中央図書館の館長として、同僚とともに、古典的なソ連の大衆図書館（masu bibliotēka）を、現代の図書館がもつべき機能を備えた公共図書館へと改革するために陣頭指揮を執った。その後、ラトヴィア国立図書館に移ってからは、現在の図書館開発センターの前身組織である図書館サービス担当部署に所属し、国中の図書館を訪問し、図書館の改革に邁進したという。

ジドラ・シュミタさん（写真提供：本人）

現在では、リーガ中央図書館の館長として、全二七館の運営バランスを見ながら、リーガ市全体の図書館政策を推進する役割を担っている。あるインタビューにおいてジドラさんは、「資料に対する体系的な知識をもっていることが司書においてもっとも重要な資質である」こと、そして「図書館が提供する教育・知識レベルが、利用者の求めるニーズより上でなければならない」と述べていた。

また、スマートフォンが普及した現在でも、インターネットにアクセスするために図書館を訪れている人がいることをふまえて、図書館がインターネットへのアクセス拠点となることをとても重視している。実際、リーガ中央図書館本館のインターネット用の公開端末は、利用者が途切れることがなかった。

「財布を持たずに入場できる公共施設は図書館だけです」と言うジドラさんは、自治体の政策によって文化センターが閉鎖されていくなかで、図書館が最後の公共文化空間であることを強く自覚しているようであった〔欧文参考資料56〕。

ジドラさんがラトヴィア図書館界のキーパーソンであると強く感じたのは、本書の執筆にあたっていろいろと質問を投げかけたときのことである。図書館に関する質問に対して、瞬時に答えが返ってくるというスピード感にまず驚いた。そして、図書館以外のことについては、「私が答えるよりも適任者がいるから」と言って、回答を保留にしていた。そして、私が発した質問に対して、「こういう質問が来ているから、関係情報のＵＲＬとともに送ってください」という趣旨のメールをすぐさま関係者に送っていた。

関係者からは、瞬く間にジドラさんのところに返信があった。司令塔という言葉はまさにジドラさんのためにある、と思ってしまうほどの仕事ぶりであった。

そんなジドラさんにリーガ中央図書館の課題を尋ねると、「リーガ固有の問題だけれども……」と前置きしたうえで、「優秀な若い人材を雇用することがもっとも難しいです」という回答があった。

地方都市では、司書という職業は公共機関の職員として確固たる位置づけにあるのに対して、リーガではほかの職業との競争が激しく、若くて優秀な人材が別の職業に流れているようだ。そのことが最大の課題となっている。

ジドラさんが挙げていたもう一つの課題は、図書館のリノベーションのために必要とされる予算の確保であった。リーガ市には二六館もの分館がある。分館数の多さは、リニューアルすべき図書館が常に存在していることを意味している。毎年、古い分館から順番にリニューアルしているのだが、什器をはじめとして図書館には備えるべき物品が多く、その予算を捻出することが大きな課題になっているようだ。

以下では、リーガ中央図書館の分館を四つ紹介していくことにする。一館目は「アーゲンスカルンス分館（Āgenskalna filiālbibliotēka）」、二館目は「トルニャカルンス分館（Torņakalna filiālbibliotēka）」、どちらも、図書館が閉鎖されていた地区（後述参照）にオープンした新しい図書館である。三館目は地域住民との協力でライブラリーガーデンを運営している「チエクルカルンス分館」、そして最後に、夏季限定でダウガヴァ川の河岸に設置される「ルツァヴサラ・ビーチ読書室」を紹介したい。

5　リーガ中央図書館の分館をめぐる①――無期限閉鎖を乗り越えて再開館した図書館

リーガでもっとも新しい二つの分館、アーゲンスカルンス分館とトルニャカルンス分館を紹介してくれたのは、両分館の主任司書を務めているイネセ・ルスクレ（Inese Ruskule）さんと、二〇二二年までアーゲンスカルンス分館に勤務し、現在はトルニャカルンス分館に勤務している主任司書のクリスティアーンス・レインホルズ・ヴィンニンシュ（Kristiāns Reinholds Vinniņš）さんである。

無期限閉鎖を乗り越えて再開館したアーゲンスカルンス分館

アーゲンスカルンス（Āgenskalns）地区はダウガヴァ川の左岸に位置しており、ユーゲントシュティール様式の建築で知られている。一八九八年に開設された「アーゲンスカルンス・マーケット（Āgenskalna tirgus）」はその代表作で、文化記念物に認定されている。

このマーケットでは、地元の農家や自家生産者がつくった農

リノベーション後のアーゲンスカルンス・マーケット（Āgenskalna tirgus atjaunotā ēka）©Misters32, 2022

作物や食品を買ったり、クラフトビールなどが楽しめる。また、地元の公共スペースとして、文化・教育イベント、コンサートや演劇なども開催されている。

アーゲンスカルンス分館は、二〇二二年四月に開館したばかりの新しい図書館である。図書館は複合施設の一階部分に入っており、小規模ながら、成人図書館と子ども図書館のスペースがバランスよく設けられている。開館時間は、平日が九時から一八時まで、土曜日が一〇時から一七時、日曜日は休館となっている。

複合施設の一階には、図書館のほかに市民権・移民問題局と近隣住民センターがある。そして二階には、リーガ社会サービス局パールダウガヴァ地区が入っている。また、この建物には、公的機関だけでなく歯科医院や企業なども

クリスティアーンス・レインホルズ・ヴィンニンシュさん（写真提供：本人）

イネセ・ルスクレさん（写真提供：本人）

同居しているそうだ。

アーゲンスカルンス地区には「ズヴィルブリス分館（filiālbibliotēka Zvirbulis）」があったが、建物の状態が悪化したため二〇一八年に無期限閉鎖となっていた。そして、二〇二二年にこの新しいアーゲンスカルンス分館が開館したのである。ラトヴィアでは毎年四月下旬に「図書館週間」があり、読書振興のためのイベントが行われているのだが、アーゲンスカルンス分館のオープニングも、この図書館週間に合わせて行われたという。館内はコンパクトな造りで、塗装されていない木材が什器として多く使われているせいか、いかにも開館したてという清潔な雰囲気を醸しだしていた。

アーゲンスカルンス分館の向かいには、演出家エドゥアルズ・スミルジス（Eduards Smiļģis, 1886～1966）の元邸宅であった「エドゥアルズ・スミルジス演劇博物館（Eduards Smiļģis teātra muzejs）」があって、舞台衣装、宝飾品、小道具などが収蔵されている。そのために図書館では、演劇の歴史をはじめとして、演劇監督、演劇俳優、そのほか演劇関係の資料を集中的に収集しているそうだ。

ゲームを楽しむ子どもたち

新着図書コーナー

図書館員が近隣を案内する大人気の「文学散歩」プログラム

ヴィンニンシュさんがアーゲンスカルンス分館における特徴のあるプログラムとして紹介してくれたのが「文学散歩」（二一二ページ参照）である。ヴィンニンシュさんは、現在、トルニャカルンス分館に勤務しているが、二〇二二年までアーゲンスカルンス分館に勤務し、そこでは郷土史研究を担当していたという。郷土史の研究に取り組む一方で、ヴィンニンシュさんが計画し、主導したプログラムが「詩におけるアーゲンスカルンス」と名づけられた「文学散歩」であった。

通常のガイド付きツアーでは、ガイドが特定のグループを案内しながら複数の場所をめぐり、その地域にある史跡などについて説明するといった形をとることが多い。これに対して、図書館が主催する「文学散歩」は、ガイド付きツアーに似てはいるが、ガイド役を図書館員が務めるほか、ツアーの途中に文学作品の朗読が含まれているところに特徴がある。ラトヴィアでは、普通のガイド付きツアーよりも、インタラクティブな方法で特定地域のことをより深く理解できるプログラムとして、図書館が主催している「文学散歩」はとても人気がある。

たとえば、「詩におけるアーゲンスカルンス」の場合、アーゲンスカルンス地区の歴史的に重要な史跡や人物に関するレクチャーと、その史跡や人物に関する詩の朗読という形でプログラムが構成されていた。実際に使われたルートとしては、アーゲンスカルンス地区でもっとも有名な

「勝利公園（Uzvaras parks）」(8)、そして、個人の庭園として造られ、一八九六年にリーガ市が管轄するようになった「アルカーディヤ公園（Arkādijas parks）」に立ち寄り、史実に関するミニレクチャーが行われたあと、関連する詩を図書館員が朗読したそうである。

このプログラムは二〇二二年に三回行われたようだが、非常に好評で、図書館を訪れる人から「次は、いつ行われるのですか？」とよく尋ねられるとのことであった。

このような歴史散歩が図書館員の主導で開催されている背景として、ラトヴィアの公共図書館では郷土史研究が活発に行われていることがある（八〇ページ参照）。実際に郷土資料を担当していたヴィンニンシュさんにその状況をうかがったところ、次のように答えてくれた。

「郷土史研究はほとんどの公共図書館で行われており、ラトヴィア公共図書館の目的の一つです。各図書館でどれぐらい郷土史研究が行われているのかは、図書館の規模と郷土史研究に対応できる人材の有無によって異なります」

---

(8)　勝利公園には、バルト三国で最大級である七九メートルのソ連の記念碑があった。この記念碑は、第二次世界大戦の折、ソ連軍のナチス・ドイツに対する勝利を記念して建設されたものである。以前からこの記念碑について論争が続けられてきたが、ロシアのウクライナ侵攻をきっかけに解体が決まった。二〇二二年八月二二日から二五日にかけて行われた大規模な解体作業には、記念碑のもつ歴史や解体の方法に関して、多くの人の関心を集めた。

さらに、「地域内に図書館が少ないほど郷土史研究者でカバーする範囲は広くなるが、リーガは人口が多く、多数の図書館があるので、各図書館は近隣地域の研究のみを行っている」とも言っていた。ちなみに、各図書館が郷土資料として収集の対象としているのは、現物が複数ある図書資料であり、現物が一つしかない古文書類はラトヴィア国立公文書館が中心となって収集している。

歴史的建築物をリニューアルしたトルニャカルンス分館

トルニャカルンス（Torņakalns）地区はダウガヴァ川の西岸に位置しており、アーゲンスカルン地区と隣り合っている。トルニャカルンス分館は、現在の建物に移管されるまで、リーガ工科大学が所有する建物において運営されていた。二〇一七年、建物の改修計画のために移転を余儀なくされたが、移転先が見つからず、図書館は無期限の閉館となっていた。

トルニャカルンス分館の外観

建物の一部は古いまま残されてリノベーションされている

つまり、トルニャカルンス分館が二〇一七年に、アーゲンスカルンス分館が二〇一八年に無期限閉館となってから、この地域では利用できる図書館がなかったということだ。リーガ中央図書館と地元の自治会は、リーガ市に対して、二つの分館の再開を積極的に要求してきた。この要求にこたえてリーガ市は、図書館用の敷地を確保して再開館を果たすことになった。

二〇二三年、トルニャカルンス分館はリーガ・サッカー学校を含むスポーツ複合施設内に移転することが決まった。再開館日は二〇二三年四月二二日、アーゲンスカルンス分館と同じく、図書館週間に合わせてのオープンとなった。

トルニャカルンス分館の特徴は、何といってもその建物にある。古い建築物を使って内部をリノベーションしたため、図書館内には昔の名残がそこかしこに残っている。

スポーツ複合施設内に置かれた図書館ということもあり、トルニャカルンス分館はスポーツ資料の収集に力を入れている。コレクションには、トレーニング、栄養学、その他スポーツ関連のトピックを含む図書がほかの図書館に比べると多めにある、と教えてもらった。

6　リーガ中央図書館の分館をめぐる②——ライブラリーガーデンのある図書館

チエクルカルンス分館は、リーガ市北部のチエクルカルンス（Čiekurkalns）地区にある。一九世紀から二〇世紀にかけて大規模な工場が操業をはじめたこともあって、労働者の密集する地区となった。一九二五年に設立されたチエクルカルンス分館は、リーガ中央図書館でもっとも古い分館の一つである。

チエクルカルンス分館だが、元民家ということもあって、館内はかなりこぢんまりとしている。入ってすぐのスペースには大人向けの図書が並んでいた。その奥にある児童コーナーを案内してくれた主任司書のアイヤ・ナマヴィーラ（Aija Namavīra）さんは、子ども用の家具を指差しながら、「なぜか、保護者がこの小さい家具に座りたがるんですよね。そのため、子どものほうが普通サイズの家具に腰掛けたりしているんです」と言って笑っていた。

児童室と隣接して、ごく小さなティーンズコーナーがあった。「若い人たちには独立したスペースが必要かと思って……」と言うアイヤさん、スペースは小さくても独立した空間の必要性について説明をしてくれた。

素朴な玩具が置かれた児童コーナー

先頭で説明をしているアイヤ・ナマヴィーラさん（写真提供：本人）

住民が集うライブラリーガーデン

この小さな分館を訪れた理由は、図書館が「ライブラリーガーデン」をつくったことがきっかけとなり、近隣住民が集う文化の結節点としての役割を果たすようになったという情報を、リーガ中央図書館のウェブサイトで見つけたからである。

二〇一八年にリーガ市は、チエクルカルンス分館のための用地として民家を購入した。その翌年、建物を増築するとともに中庭を増設し、ライブラリーガーデンの用地が確保された。

ライブラリーガーデンがオープンしたのは二〇二二年八月、ラトヴィアが新型コロナウイルス感染症のパンデミックからようやく脱出しようとしていた時期のことである。庭園の造設にかかる経費は、リーガ市統合プロジェクトとチエクルカルンス地区に拠点を置く「国営不動産株式会社」からの助成金で調達した。ライブラリーガーデンは、完成するまでに近隣住民とのミーティングが開かれるなど、住民参加という形で実現したプロジェクトである。

ライブラリーガーデンがオープンした直後から、ランドスケープ・デザイナーによる計画のもと、本格的な工事が開始された。住民からは、ライブラリーガーデンを訪れた利用者やイベント時に使う可動式の座席をつくるための木材が提供され、家具製作の専門家が木工工事を担った。

その後、野菜や花を植えるための花壇も用意され、移動式暖炉の設置や壁画の製作など、ライイブラリーガーデンは現在でも進化を続けている。住民は、とくにイベントなどがなくてもライブラリーガーデンを日常的に利用することができ、花壇の手入れをしたり、読書をしたりと、自由な時間を過ごしている。現在では、チエクルカルンス分館は近隣住民のなくてはならない公共スペースとなっている。

ライブラリーガーデンでは、庭の手入れに参加するボランティアが活躍しているのだが、ラトヴィアでは、図書館におけるボランティアの活動は一般的に活発ではないと聞いた。また、仮に図書館でのボランティア活動を希望しても、かなり厳格な申請手続きが必要であるとのことであった。

現在、図書館界でボランティアが活動しているのは、高齢者施設での図書の読み聞かせにとどまっている。スカンジナビア諸国と同じく、ラトヴィアでは図書館界における専門職制が確立しており、図書館の仕事は図書館員が行うものとされており、一般市民がボランティアとして図書館運営に参画することに対してはかなり慎重な姿勢を取っている。

読書用のハンモック

アーティストが描いた壁画

孤独解消プロジェクト

パンデミックの際、この小さな分館が地元の公共団体である「チエクルカルンス開発協会」と連携して行ったプロジェクト「あなたとわたしのチエクルカルンス」についても紹介しておこう。このプロジェクトは、リーガ市議会教育・文化・スポーツ部社会統合プログラムによる助成金によって、二〇二一年三月から一〇月にかけて実施された。

そのころのラトヴィアは、パンデミックによる行動制約によって、高齢者の孤独が問題となっていた。そんななか、このプロジェクトは、さまざまな年齢の住民が共同活動を通して相互コミュニケーションや相互理解を生み出し、高齢者の孤立を減らすことに狙いを定めていた。

図書館では、住民に対して、家族との思い出の写真やチエクルカルンスにまつわる郷土資料を送ってほしいと呼びかけ、集まった資料を整理して、巡回展示やSNSでの公開を行った。

住民が育てている植物

映画上映会（写真提供：アイヤ・ナマヴィーラさん）

これと並行して、プロジェクトの一環として近隣に住む孤独な高齢者に「声かけ」をするというキャンペーンが実施され、図書館員と開発協会職員が高齢者に電話をかけて、食料品や軽食を差し入れるという形で支援を行った。

二〇二一年の夏以降、ライブラリーガーデンでもさまざまなイベントが行われている。六月には「あなたとわたしのチエクルカルンス」および「ライブラリーガーデン」についての発表が行われたほか、七月には巡回展「あなたとわたしのチエクルカルンス——家族の物語」が開催されている。この日の催しには歌手のアンタ・エンジェレ（Anta Engele）氏が登場し、近隣住民だけでなく、ほかの地域からの参加者も集まってイベントを楽しんだという。

そして、九月には文学トークショーが開催され、作家、詩人、翻訳者らが参加した。参加者たちは、文学者たちの創作活動について知るほか、詩や散文の朗読を楽しんだようだ。

小さなチエクルカルンス分館は、ライブラリーガーデンをもったことで、これまで集まる場所がなかった近隣住民の絆を深め、地域における文化の中心になったのだ。

7 リーガ中央図書館の分館をめぐる③——ルツァヴサラ・ビーチ読書室

最後に紹介するのは、毎年、夏季限定で開かれる屋外ライブラリーである。リーガにビーチ読書室が開設されるようになったのは二〇一六年からで、場所はルツァヴサラ・スポーツ・レクリエーション公園（Lucavsalas sporta un atpūtas parks）。ルツァヴサラ・ビーチ読書室（Pludmales lasītava Lucavsalā）は、六月から八月までの間、平日は一二時から一七時、週末は一一時から一八時まで特設テントで運営されている。

テントが設営されているのは、ダウガヴァ川に浮かぶルツァヴサラ（Lucavsala）という島である。旧市街からは、トローリーバスに乗ってルカヴサラ停留所まで行き、そこからは徒歩で公園の奥にあるビーチ読書室に向かうことになる。

ルツァヴサラは、かつて放棄された小屋が取り残された状態で荒れ果てていたが、再開発によって生まれ変わった地域である。現在では遊具などが完備され、飲み物やお菓子を販売する屋台もあって、親子連れで賑わうという、都市部に住む人びとが自然を楽しむための場所となっている。

遊具スペースの奥にはビーチバレーのコートがあり、その奥にあるのがビーチ読書室の巨大なビニールテントである。遊泳区域のすぐ前に設営さ

木立ちのなかにあるビーチ読書室

れているので、ビーチで泳ぐ人や日光浴を楽しむ人が多かった。すぐ目の前には、ダウガヴァ川のもう一つの島ザッチュサラ（Zaķusala）が見えるという絶好のロケーションである。

ビーチ読書室の担当者であるイネセ・ヴァナガ（Inese Vanaga）さんに話をうかがった。イネセさんは、アヴォッツ分館（filiālbibliotēka „Avots"）とビチェルニエキ分館（Biķernieku filiālbibliotēka）の主任司書を兼任している。これらの分館では、夏の間、ビーチ読書室の当番が回ってくるという。たまたま私が訪れた日に当番にあたっていたのがイネセさんだった、というわけである。

この日は本当に天候がよく、ビーチには家族連れを中心にたくさんの人が訪れており、大賑わいだった。イネセさんは、「ビーチ読書室の担当日には自転車に乗って

遊泳区域

イネセ・ヴァナガさん

通勤してくる」と言っていた。ひと夏に四回か五回、ビーチ読書室の当番が回ってくるそうである。

図書館のテントが設置されているのは、ビーチにもっとも近い場所で、遊泳を見守る警察官の詰め所がテントのすぐ隣にある。だから、ビーチ図書館はとても安全である。テントを出たすぐのところに簡易トイレがあったが、身体障害者用のトイレも別置されていた。

テント内には、ビーチで読むための図書や雑誌、そしてボードゲームなどが備えつけられている。二〇二三年には、フィクション、ビジネス書、子ども向け書籍など、硬軟取り混ぜて約二五〇冊が用意されていた。

ビーチ読書室では、コンサートやダンスイベント、映画上映、講演会などといった多彩なプ

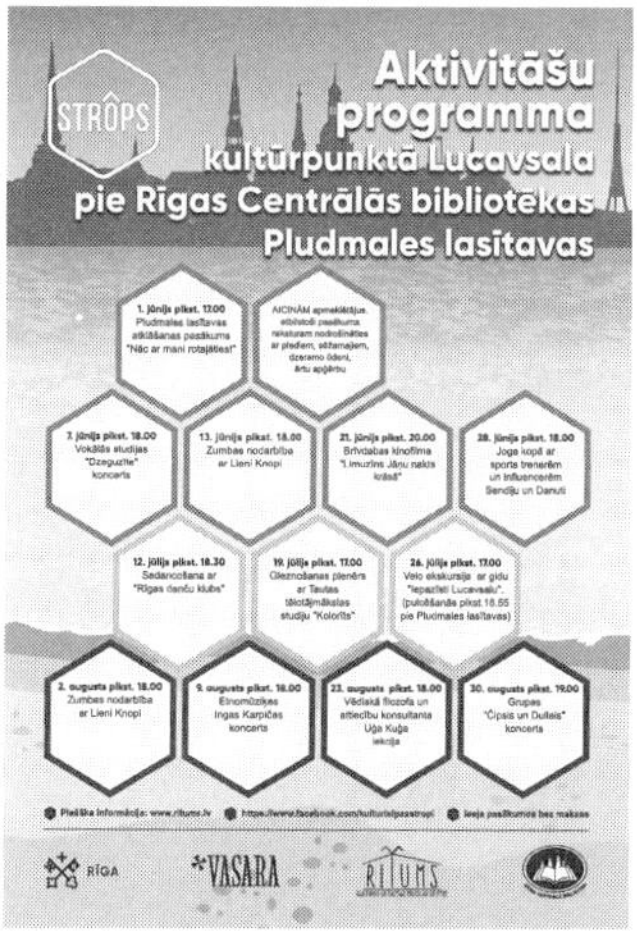

ビーチ読書室のプログラム
出典：[欧文参考資料54]

ビーチ読書室を利用する家族連れ

表５－１　ビーチ読書室プログラム文化プログラム

日程	イベント	日程	イベント
６月１日	オープニングイベント	７月19日	絵画プログラム
６月６日	ミニコンサート	７月19日	ガイド付きツアー
６月13日	ダンス「ズンバ」クラス	８月２日	ダンス「ズンバ」クラス
６月21日	野外映画上映	８月９日	コンサート
６月28月	スポーツトレーナーとインフルエンサーによるヨガ教室	８月23日	人間関係についての講演会
７月12日	ダンスの夕べ	８月30日	コンサート

ログラムが開催されている。参考までに、二〇二三年のプログラムを**表５－１**にまとめてみた。

冬の期間が長いラトヴィアの人びとにとって、短い夏は特別の季節となる。ビーチ読書室を訪れる人は、みんな軽装で心から寛いでいるように見えた。期間限定のビーチ読書室だが、図書館からの特別なプレゼントとしてこれからも続いてほしいと願いながら、テントを後にした。

第6章

ラトヴィアと日本の図書館について語り合う

ラトヴィア新国立図書館の吹き抜け

1 社会を照らす希望の光

「ラトヴィア図書館ポータル」からのインタビュー

ラトヴィアの図書館について研究をはじめたときに一番悩んだことは、あまり知られていないラトヴィアの図書館について、どのようにして信頼度の高い情報を入手したらよいのだろうかということであった。図書館関係のウェブサイトにやみくもにアクセスする日々のなかでたどり着いたのが、前述した、ラトヴィア新国立図書館の「図書館ポータル」というサイトであった。「図書館ポータル」は、ラトヴィア新国立図書館の図書館開発センターがつくっている図書館員のためのポータルサイトである（一六〇ページ参照）。ラトヴィアの図書館についてであれば、載っていない情報はないといっても過言ではないほど情報量が多く、更新も頻繁に行われている。「図書館ポータル」に出合ってから四年間、毎週、アクセスすることでラトヴィアにおける図書館の状況を把握してきた。

渡航を間近に控えたある日、「図書館ポータル」の編集者アンナ・イルトネレ（Anna Iltnere）さんから一通のメールが届いた。メールには、自分が「図書館ポータル」の編集者であること、同僚から、ラトヴィアの図書館に関心をもっている日本人がいること、リーガを訪問予定としているいると聞いたので、ラトヴィアとのつながりや図書館への関心、そして執筆中の本についてインタビューさせてほしい、と書かれていた。

私は、「図書館ポータル」をずっと愛読していること、ちょうどアンナさんが編集した記事を読んだばかりであることを伝え、ぜひ会いたい、とすぐに返信した。

こうして私たちは、リーガで会うことになった。

取材は八月一一日、爽やかな風が吹き抜ける新国立図書館の中庭で行われた。あらかじめ質問事項は送ってもらっており、すでにメールで回答をすませていたので、この日は質問と回答の確認、そして、アンナさんが私の回答を見て疑問に思った部分を話し合う時間となった。第1章で紹介した、「読書は森のようなもの。守られるべき存在だと考えられています」と発言したのはアンナさんである。対談後も、インタビューの内容について数回メールのやり取りをしながら、私たちは図書館についての議論を続けた。

アンナ・イルトネレさん（写真提供：本人）

このインタビュー記事は、八月二二日の「図書館ポータル」に掲載されている。インタビューは、アンナさんによる対談のまとめ、それから質問・回答という二部構成になっている。アンナさんの的確な質問によって、このインタビューには、ラトヴィアの図書館と日本の図書館の相違点と類似点がよく現れているように感じている。この記事の要約を紹介することで、本書を締めくくりたいと思う。なお、以下に掲載した文章は、ラトヴィア語の記事を日本語に翻訳したものである［欧文参考資料10］。

「図書館は社会を照らす希望の光」

第一部　インタビューの趣旨

日本人の吉田右子は、ラトヴィアの図書館制度を研究しており、二〇二四年にラトヴィア図書館に関する本を出版する予定となっている。（中略）

八月、ラトヴィア新国立図書館とリーガ中央図書館本館、そしていくつかの分館を自分の目で見るために吉田がラトヴィアを訪れた。晴れた日の朝、私たちは新国立図書館近くの広場で待ち合わせ、カエデの木陰で会話を続けた。私たちの会話は、お互いにとって有益なものとなった。対談のなかで吉田は、スカンジナビアの図書館に注目してきた理由と、さらに海を渡って、ラトヴィアを研究することになったきっかけについて話してくれた。

吉田は、ラトヴィアの図書館システムがいかにダイナミックに発展しているかについて強調していた。彼女は、国立図書館の機能の一つが、ラトヴィアの公共図書館の支援（とくに児童のための読書推進サービス）であることに関心をもっている。日本の国立図書館による公共図書館への直接的な支援は、ラトヴィアに比べると相対的に弱いようだ。さらに、人口を考慮すると、ラトヴィアの公共図書館の数は日本やフィンランドよりも多いという。

日本の公共図書館で、電子書籍サービスを提供している自治体は三〇パーセント未満であるため、ラトヴィアの公共図書館における図書のデジタル化は、日本よりも先行していることを吉田は強調していた。日本はテクノロジー大国と思われがちだが、書籍をデジタル化して自由に利用できるようにするまでには複雑なプロセスがあり、出版社は完全に歓迎しているわけではないという。

また吉田は、ラトヴィアの公共図書館と出版社が連携協力している様子についても強い関心を抱いていた。「図書館ポータル」で読んだ「書籍調達プロジェクト」（一二ページ参照）に関する情報は、読書促進における新国立図書館の児童文学センターの意欲的な活動と同じく、彼女にとっては称賛に値する連携協力の例であるようだ。ラトヴィアではポピュラーな、作家が図書館を訪れて読者に会うという活動は日本ではほとんど行われていないという。

対談のなかで吉田は、生涯学習と集会のために設置された日本の公民館について触れており、図書館は読書のためのより基本的な機能を担うようになり、そのほかの地域に向けての生涯学習サービスは公民館が担うようになった、と述べている。

公民館は、第二次世界大戦後、地域住民を結び付ける学びの場として開設され、社会教育法がその根拠となっている。今日、公民館では、芸術、スポーツ、手工芸などの教育プログラムや、子ども、若者、高齢者のための文化活動が行われている。公民館のなかには、職員が常駐する小さな図書室もある。

また、日本には、民間の児童図書館やマイクロ図書館があるようだ。これらの図書館は、地域住民が自発的に開設したもので、活発な読書プログラムが実施されているという。

第二部　インタビュー

イルトネレ　スカンジナビアの図書館を研究しはじめたきっかけは何ですか?

吉　田　私がスカンジナビア諸国の図書館について調べはじめようと思ったのは二〇〇五年頃でした。スカンジナビア諸国の図書館は、図書館法に基づいた確実な教育サービスの提供、新しいサービスへの挑戦、柔軟な図書館スペースの活用、地域住民による図書館の積極的な利用という観点から、優良モデルとして日本に紹介されてきたからです。

イルトネレ　ラトヴィアの公共図書館について調べはじめたきっかけは？

吉　田　スカンジナビア諸国の公共図書館について研究するなかで、バルト三国の図書館にも興味をもちました。二〇一四年の冬にラトヴィア新国立図書館で行われたオープニングイベント「光の道：本の愛好者の鎖」は、とくに印象的なものでした。また、独立から約三〇年間でラトヴィアの公共図書館が力強く発展していることにも興味がありました。この数十年の間にどれだけの多くのことが行われてきたかを考えると、ラトヴィアの公共図書館にはインパクトがあります。

イルトネレ　ラトヴィアの公共図書館についての本を執筆中ですね。結論はどのようになりそうですか？

吉　田　現時点では二つの結論があります。

一番目は、「言語文化を守る砦」としての役割です。どの国にも共通することですが、困難な歴史を生きてきたラトヴィアの公共図書館にとっては、とくに重要なことだと思っています。ラトヴィアの憲法には、「ラトヴィア語が国家語である」と明記されています。とても強い印象を受けました。二番目は、「読書空間」としての役割です。今日、世界中の公共図書館は多様化し、多目的な文化スペースとなっています。しかし、読書が図書館の要であることはまちがいありません。本のなかで、ラトヴィアにおける読書促進プログラムの紹介を通して、このことを強調したいと思っています。

イルトネレ　調査中に驚いたことはありますか？

吉　田　二つの要素を挙げたいと思います。一つは、約三〇年という短期間で目覚ましい発展を遂げたこと、もう一つは公共図書館の数です。ラトヴィアは、図書館が積極的に利用されているフィンランドよりも、国民一人当たりの図書館数が多いのです。

イルトネレ　ラトヴィア新国立図書館、リーガ中央図書館とその分館を実際に訪れて、一番印象に残ったことは何ですか？

吉　田　ラトヴィア新国立図書館は、その建築の壮大さと開放感、そして、この図書館に対する人びとの思いの強さに圧倒されました。リーガ中央図書館本館と分館については、各図書館が地域に応じた独自のサービスを提供しており、住民が必要とするサービスが確実に提供されていることに感銘を受けました。これから、ラトヴィアで訪れた図書館について、時間をかけて言語化していきたいと思っています。

イルトネレ　二〇二五年、ラトヴィア語で書かれた最初の本が印刷されてから五〇〇年を迎えます。ラトヴィア新国立図書館は、ラトヴィア語が私たちの文化を維持するために非常に重要であることを強調するためのイベントを開催します。図書館は、国の言語と文化を維持するための拠点である、とあなたは言っています。また、作家の役割も大きいですね。これらの考えについて、もう少し詳しく教えていただけますか。

吉　田　それこそが、まさに私が本で書きたかったことです。残念ながら日本では、作家、出版社、公共図書館の関係はそれほど密であるとは言えません。しかし、文化を守るためには、この三者が協力する必要があります。ラトヴィアでは、この三者が密接な関係にあるようですね。たとえば、文化省が図書を購入して図書館に配付したり、子どもによる図書の評価イベントを開催するほか、作家がたびたび図書館を訪問しています。私が書く本を通じて、こうしたトピックを紹介したいと思っています。

イルトネレ　今日における公共図書館の役割とは何でしょうか？

吉　田　今日の公共図書館は、過去と比べれば、変わったこともあれば変わらないこともあります。変わった点は、図書館が多目的に使えるようになったことです。読書だけでなく、情報リテラシーや文化へのアクセスもサポートするようになりました。変わらない点は、図書館が生涯学習を支援し、読書の価値を伝える場所であるということです。

イルトネレ　図書館は、資本主義的な考え方の対極にあります。現代社会において図書館を維持することは、どれほど重要なことなのでしょうか？　今日、図書館のような施設を造ることは不可能だろう、という考えを聞いたことがありますが……。

吉　田　私も、そうした意見は理解できます。公共図書館という場所で本が無料で借りられるというのは、「奇跡」と言ってもいいほどすばらしい仕組みです。すべてが資本主義的な原理で動いている現代において、図書館のような文化施設が存続していることは社会における「希望の光」だと思います。ラトヴィアでは新国立図書館を「光の城」と呼ぶそうですが、図書館はまさに光を与えてくれる場所なのです。

イルトネレ　フィンランドの公共図書館について書かれた本がありますね。スカンジナビアの公共図書館は、多くの人が学ぶべきお手本となっています。フィンランドにおける図書館界の成功をどのように説明しますか？

吉　田　スカンジナビア諸国の公共図書館から学べることはたくさんあります。とくに、スペースのデザイン、多様な文化プログラム、移民や難民への支援などです。しかし、もっとも重要な教訓は、図書館がすべての人々に対して文化への平等なアクセスを目標として掲げ、その目標を達成するためにあらゆる努力をしているところです。市民もまた、図書館が重要な機関であることを理解したうえで、図書館サービスを積極的に享受しています。

イルトネレ　日本における図書館員の役割は年々変化しているのですか？　また、今日の図書館員の役割とは？

吉　田　図書館員の役割は変わりつつあります。しかし、北欧諸国に比べると、日本ではより伝統的な読書に関する仕事に従事しています。これには理由があります。日本には、生涯学習のための施設である公民館が図書館の三倍以上もあります。公民館は日本固有の施設で、そこが文化事業を担っています。ですから、日本の公共図書館における職員は、相対的に読書支援に集中していると思われます。

イルトネレ　現在における日本の図書館の課題は何でしょうか？

吉　田　図書館間の資料やサービスの格差、司書資格を有したフルタイム職員の減少が課題となっています。

イルトネレ　あなたが一番好きな図書館は？

吉　田　北欧で訪れた図書館はどこもすばらしく、思い出に残っています。日本にもすばらしい図書館がたくさんあります。でも、実は、私は小さな図書館が好きなんです。子どものころに通った、公民館の一角にあった小さな図書館が一番好きかもしれません。

インタビュー：二〇二三年八月一一日、ラトヴィア新国立図書館にて
インタビュアー：アンナ・イルトネレ（ラトヴィア国立図書館・図書館開発センター・ラトヴィア図書館ポータル編集者）

2 言語文化の循環装置としてのラトヴィアの図書館

一九九一年の独立までソ連の占領下にあったラトヴィアでは、ラトヴィア文化・ラトヴィア文学が抑圧され、図書館はソ連政府のプロパガンダ機関として存在する状況が続いた。独立したバルト三国に対して、図書館の全面的な立て直しに関与したのは「ソロス・オープン・ソサエティ財団」や「ビル・アンド・メリンダ・ゲイツ財団」など、アメリカの慈善団体であった。ラトヴィアは、それらの慈善団体から資金援助を受けつつ、公共図書館の基盤整備を進めていった。また、並行して図書館法に基づく公共図書館の認定制度を開始し、図書館サービスにおける質の保障を目指した。

ポストコミュニズム時代になり、図書館の役割は、特定の政治思想の強化を主導する機関から民主的な情報センターへと転換された。独立後の公共図書館の歩みは、ラトヴィア文化・言語を中核に、新たな文化的価値をつくり出すプロセスとして捉えることができる［欧文参考文献3、124～125ページ］。

独立後、ラトヴィアの図書館界が最初に範を求めたスカンジナビア諸国の公共図書館は、情報と文化への平等なアクセス保障を基調とする図書館法を拠り所にして、全住民を対象としたサービスを一世紀近くにわたって維持してきた。ラトヴィアはそうしたモデルを取り入れ、新たに制定した図書館法において、基本的な図書館サービスについて無償制を明記し、情報への平等なアクセスを公共図書館の基本的な理念とすることで、その普遍性が共有できるようになった。

しかし、公共図書館認定制度が示すように、ラトヴィアにおける図書館政策に対する国家の関与は他国に比べて際立っている。よって、歴史社会的な背景によって公共図書館政策には異なる文化ポリティクスが作動する例として、ラトヴィア図書館史をとらえることができる。

二一世紀に入り、スカンジナビア諸国では大型公共図書館の新設が続いた。デンマーク・オーフスの「Dokk1」、フィンランド・ヘルシンキの「Oodi（Helsingin keskustakirjasto Oodi）」、ノルウェー・オスロの「ダイクマン・ビヨルヴィカ図書館（Deichman Bjørvika）」である。新設された大規模図書館がその国の図書館文化を牽引していくというのは、どこの国でも共通している。その影響力は著しく、人びとの図書館への意識を大きく変えるだけにとどまらず、図書館が存在する街全体まで変える力をもっている。

こうした施設が増えていくことで確実に社会を変えていくことができるという一方で、日常的に図書館の恩恵にあずかれる人の数はかぎられている。多くの人は、自分が住んでいる地域の図書館——多くの場合、そんなに大きくもなく、新しくもない——が自分にとってのメインライブラリーとなっている。そして、各個人のなかでメインライブラリーとの関係性が意識的・無意識的に築きあげられている。

ラトヴィアの図書館をめぐりながら、そんなことを強く感じた。ラトヴィアには、二一世紀になって設置された大型の公共図書館は存在しない。首都にあるリーガ中央図書館本館であっても、ごく普通のサービスが行われていた。そこには、世界の公共図書館においてトレンドになりつつある創作活動のためのメーカー・スペースはなく、最新のロボットテクノロジーを使った利用者サービスが展開されているわけでもなかった。そこにあったのは、私たちがこれまで慣れ親しんできた図書館の、とてもベーシックな姿であった。そんな空間だからこそ、図書館の本質である読書行為が色濃く浮かびあがってくるのだろう。

読書に立ち戻って図書館をとらえる

新国立図書館の児童文学センターで長年にわたって読書推進プロジェクトを主導してきたシルヴィヤ・トレチャコヴァ（Silvija Tretjakova）氏は、子どもや若者の読書に関するデジタル技術が与える影響について述べている。読み方が明らかに変化しているうえに、図書以外の文書を読む量が増え、文学から遠ざかる危機を指摘しながらも、「何世紀にもわたって試練に耐えてきた媒体である図書は、その重要性を維持し続ける」と述べ、「子ども時代、読書に親しんだ人はその基盤が築かれているため、人生の晩年には読書に戻るのです」と語っている［欧文参考資料27］。

世界の公共図書館サービスを牽引するデンマークの図書館界も、図書館は進化しなければならないが、図書館の焦点は依然として文学と読書にあり、図書館は、文芸作品を広めたり、読書を推進する活動の中心に存在しておく必要がある、と主張している〔欧文参考資料57〕。

公共図書館は、幅広いメディアと自己学習の場をすべての人に提供することによって、平等なサービスと知識、および表現の自由という権利を確保してきた。人生のあらゆる段階における学びを支援する安定した平等なサービスこそが公共図書館の基軸であるため、図書館サービスは公的機関によって保障されてきたのだ。

この原則が世界中で少しずつ崩れつつあるなかで、図書館を「文化保障の拠点」として位置づけ、揺るぎない理念のもとで図書館政策を進めてきたのがスカンジナビア・バルト諸国である。これらの国は、いずれも少数話者言語を公用語・国家語としているため、それぞれの国の言語と文化を守っていくことが図書館における中心的な役割と位置づけられている。

人口が少ないラトヴィアでは、言語・文化を継承する役割がひときわ明確に浮かびあがる。ラトヴィアの図書館は、国家による公共文化政策への積極的な関与によって、文芸の循環を本源的な動力として、独立後、きわめて短期間で堅強《けんきょう》な文化制度を確立するに至った。そして、ラトヴィアの隅々にまで浸透した図書館は、今日、「言語文化を守る砦」として存在し、ラトヴィア社会を照らす光となっている。

おわりに——魂の薬局

あっという間に訪問の最終日を迎え、早朝にリーガ空港を離陸した機内に私はいた。眼下には、ダウガヴァ川と新国立図書館「光の城」がいつまでも見えていた。ヘルシンキに到着した私は、以前から訪問したいと思っていたヘルシンキ中央図書館「Oodi」を訪れることにした。フィンランド語で「頌歌」という古めかしい言葉を愛称にもつこの施設は、二〇一八年一二月の開館以来、充実した施設とサービスによって住民から圧倒的な支持を得て、今では「世界一の公共図書館」と称されている。

フィンランドの建築事務所「ALA Architects」がデザインを手がけた「Oodi」は、全体が大きな船のような形になっている。一階には多目的ホール、映画館、カフェレストランがあり、二階には音楽スタジオ、キッチンスタジオ、ＶＲゲームが楽しめるスタジオ、学習スペース、グループスペース、ワークスペースがある。そして三階は「ブックヘブン」と呼ばれる空間となっており、圧迫感を感じさせない真っ白な背の低い書架が整然と並び、すべてが斬新な「Oodi」のなかにあって、伝統的な「図書館」らしい佇まいを見せている。

訪問前に写真や動画で何度も見てきたし、すでにそこを訪れた人から話を聴いた経験もあったが、実際の「Oodi」は想像していたよりもずっとすばらしい図書館だった。何よりも、さまざまな目的をもって「Oodi」に集う人びとの熱量に私はただ圧倒された。慎ましやかな空間で静かに読書をする人たちとともに過ごしたラトヴィアでの滞在が、遠い夢のようにも思えた。

しかし、ぼんやりと眺めていると、パソコン、タブレット、スマホを持った人びとが、本に吸い寄せられるようにブックヘブンに集まってくる様子が目に飛び込んできた。最先端の情報サービスを提供する「Oodi」にあっても、人びとはとてつもなく古い図書というメディアを求めている。とても不思議な光景を見てしまったような気がした。

三〇年以上にわたってリーガ中央図書館で働いてきた司書が、次のように語っていた。「図書館はかつて『魂の薬局』と呼ばれていましたが、今日でも図書館員は、本を提供するだけでなく、時折『魂を癒す』こともあります」［欧文参考資料3］

この言葉は、司書が図書館誕生のときから現在まで行ってきた営みを表すとともに、二一世紀に入っても変わらない司書の役割を示しているように思える。ほかの文化機関が代替することのできない読書権の保障に、図書館は大きくかかわっている。ノンフィクションは人間が自分の生の道筋を選択する権利を保障し、フィクションは人間の想像する権利を保障する。複雑化する世界にあって、図書館の役割はこれからもますます高まるばかりである。

＊＊＊

本書の執筆過程で、たくさんの方々にお世話になった。駐日ラトヴィア共和国大使館次席官（二〇一九年当時）エギヤ・エグリーテ（Egija Eglīte）さんには文化省の図書館担当の方をご紹介いただき、そこから未知の国でのフィールドワークにつなげることができた。エギヤさんには、第3章で紹介した食料品や医薬品を載せて走るブックバスのことも教えていただいた。また、同じく駐日ラトヴィア共和国大使館大使補佐官小林知佳さんには、執筆過程の折々で相談をさせていただき、そのたびに適切なアドバイスをいただいた。

資料調査ではユールマラ中央図書館のマーラ・イェーカブソーネさんに、現地調査ではラトヴィア国立図書館のエヴィヤ・ヴャテレ（Evija Vjatere）さん、オレグス・ピシュチコフスさんとヴィクトリヤ・ピシュチコヴァさん、アンナ・イルトネレさん、そしてリーガ中央図書館館長のジドラ・シュミタさんにお世話になった。さらに、京都大学大学院人間・環境学研究科の堀口大樹先生には、ラトヴィア語の表記についてご助言をいただくとともに、ラトヴィア語とラトヴィア文化にかかわるさまざまな情報をご教示いただいた。このように、多くの方々に支えられて完成した本書であるが、内容・表記ともにすべての責任は筆者にある。

前著と同じく、株式会社新評論の武市一幸氏からは執筆全般にわたって貴重なアドバイスをいただいた。ラトヴィアの公共図書館をテーマとした本の構想を相談してから、新型コロナウイルス感染症によるパンデミックを挟んだとはいえ、足掛け五年以上の年月がかかってしまったことになる。辛抱強く原稿を待ってくださったことに感謝申し上げたい。また、本書の刊行にあたり、株式会社秀和システムの村松基宏氏にお世話になった。この場をお借りしてお礼を申し上げたい。

本書におけるインタビュー調査は、筑波大学図書館情報メディア系による倫理審査の承認を受けたうえで実施した。また、本書をまとめるにあたり、文部科学省科学研究費補助金「基盤研究（C）文化保障装置としての公共図書館制度の再定立（課題番号20K12542）」の研究助成を受けた。

筆者は、これまでに共著も含めて五冊の関連書籍『デンマークのにぎやかな公共図書館』（新評論、二〇〇九年）、『読書を支えるスウェーデンの公共図書館』（新評論、二〇一二年）、『文化を育むノルウェーの図書館』（新評論、二〇一三年）、『オランダ公共図書館の挑戦』（新評論、二〇一八年）、『フィンランド公共図書館』（二〇一九年）を発表してきた。本書を読んでヨーロッパの図書館について興味をもたれた方は、ぜひあわせて読んでいただければ幸いである。

二〇二四年七月

吉田右子

litterature og læselyst, 3 september, 2023, https://db.dk/nyheder/selvfoelgelig-skal-bibliotekerne-udvikle-sig-men-fokus-er-stadig-paa-litteratur-og-laeselyst/

58 Starptautiskais Dzejas Festivāls, https://www.dzejasdienas.com/

59 Strong Libraries Build Strong Communities: Providing Internet Access in Latvia's Public Libraries, https://www.youtube.com/watch?v=2Ij5HmBz5o4

60 Ukraine Refugee Situation https://data.unhcr.org/en/situations/ukraine

61 Vadlīnijas darbam kultūras nozarē līdz 2021. gada 11. Janvārim, Portāls Bibliotēka.lv, 7. decembris, 2020, https://www.biblioteka.lv/vadlinijas-darbam-kulturas-nozare-lidz-2021-gada-11-janvarim/

62 Vai Ārkārtējā Situācijā Lasījām Citādi? https://web.archive.org/web/20220319180856/https://lnb.lv/lv/vai-arkarteja-situacija-lasijam-citadi

63 «Українська книжкова поличка» відкрилася вже у 18 країнах, https://www.president.gov.ua/news/ukrayinska-knizhkova-polichka-vidkrilasya-vzhe-u-18-krayinah-77629

【和文参考資料】

① NPOブックスタート，ブックスタート®とは，https://www.bookstart.or.jp/

② 図書館に関する情報ポータル：カレントアウェアネス，https://current.ndl.go.jp/

㊷ Maksas pakalpojumi https://www.rcb.lv/lietotajiem/maksas-pakalpojumi/
㊸ Mācies bibliotēkā, https://www.lnb.lv/services/macies-biblioteka/
㊹ Nacionālā enciklopēdija, https://enciklopedija.lv/
㊺ Nacionālās skaļās lasīšanas sacensības https://makonis.lnb.lv/index.php/s/BU1ci0RKJa0KBd5
㊻ Nordic Literature Week, https://www.nordisklitteratur.org/en/
㊼ Obligāto eksemplāru likums, https://likumi.lv/ta/id/136682-obligato-eksemplaru-likums
㊽ Piecsimtgades svinēšana, www.gramatai500.lv
㊾ Piecu gadu laikā tiešsaistes bibliotēkā 3td.lv grāmatas izsniegtas 155 690 reižu, lasītāju skaits arvien pieaug, Portāls Bibliotēka.lv, 9. janvāris, 2024, https://www.biblioteka.lv/piecu-gadu-laika-tiessaistes-biblioteka-3td-lv-gramatas-izsniegtas-155-690-reizu-lasitaju-skaits-arvien-pieaug/
㊿ Pievienotās vērtības nodoklis, https://www.vid.gov.lv/lv/pievienotas-vertibas-nodoklis
51 Publiskais patapinājums, http://www.akka-laa.lv/lv/autoriem/literari-darbi/publiskais-patapinajums/
52 Rīgas Centrālā bibliotēka, https://www.riga.lv/lv/strukturvieniba/rigas-centrala-biblioteka
53 Rīgas Centrālās bibliotēkas lietošanas noteikumi https://www.rcb.lv/lietotajiem/lietosanas-noteikumi/
54 Rīgas Centrālās bibliotēkas Pludmales lasītava 2023, https://www.rcb.lv/2023/05/klat-rigas-centralas-bibliotekas-pludmales-lasitavas-jauna-sezona/
55 Rīgas Centrālās bibliotēkas struktūrshēma, https://www.rcb.lv/wp-content/uploads/2023/11/RCB_strukturshema_2023.pdf
56 Sarunāties, sadarboties un nenogurstoši strādāt; Intervija ar Rīgas Centrālās bibliotēkas direktori un Latvijas Bibliotēku padomes priekšsēdētāju Dzidru Šmitu, Portāls Bibliotēka.lv, 23. maijs, 2023, https://www.biblioteka.lv/sarunaties-sadarboties-un-nenogurstosi-stradat/
57 Selvfølgelig skal bibliotekerne udvikle sig. Men fokus er stadig på

literatūras centra vadītāju Silviju Tretjakovu, Portāls Bibliotēka.lv, 17. aprīlis, 2023 https://www.biblioteka.lv/lasisanas-prieks-sakas-ar-izveles-brivibu-intervija-ar-lnb-bernu-literaturas-centra-vaditaju-silviju-tretjakovu/

㉘ Lasīšanas veicināšanas programma "Bērnu, jauniešu un vecāku žūrija 2023" uzsāk lasīšanas maratonu, https://www.lnb.lv/lasisanas-veicinasanas-programma-bernu-jauniesu-un-vecaku-zurija-2023-uzsak-lasisanas-maratonu/

㉙ Latvijas bibliotēku izglītojošā darbība COVID-19 apstākļos: 2020. gada tendences https://www.biblioteka.lv/latvijas-biblioteku-izglitojosa-darbiba-covid-19-apstaklos-2020-gada-tendences/

㉚ Latvijas Bibliotēku portals, https://www.biblioteka.lv/

㉛ Latvijas Nacionālā bibliotēka - Latvijas prezidentūras mājas, https://youtu.be/KU6jIbYkBtc

㉜ Latvijas Nacionālā bibliotēka Virtuālā tūre, https://ture.lnb.lv/

㉝ Latvijas Nacionālās digitālās bibliotēkas kolekcija "Dziesmu svētku krātuve" Soli pa solim, https://dom.lndb.lv/data/obj/file/32503327.pdf

㉞ Latvijas Nacionālās bibliotēkas digitālā kolekcija "Zudusī Latvija" Soli pa solim https://dom.lndb.lv/data/obj/file/30945583.pdf

㉟ Latvijas Nacionālās bibliotēkas ēka, arhitektūra, https://enciklopedija.lv/skirklis/35140

㊱ Latvijas Nacionālās bibliotēkas lietošanas noteikumi, https://www.lnb.lv/library/noteikumi/

㊲ Latvijas Nacionālās bibliotēkas nolikums, https://likumi.lv/ta/id/136511-latvijas-nacionalas-bibliotekas-nolikums

㊳ Latvijas Nacionālās bibliotēkas publisko maksas pakalpojumu cenrādis, https://likumi.lv/ta/id/281807-latvijas-nacionalas-bibliotekas-publisko-maksas-pakalpojumu-cenradis

㊴ Latvijas Republikas Likums par Latvijas Nacionālo bibliotēku, https://likumi.lv/doc.php?id=62905

㊵ Latvijas Republikas Satversme, https://likumi.lv/ta/id/57980-latvijas-republikas-satversme

㊶ LNB Bērnu literatūras centrs, https://gaissarhitekti.lv/project/bernu-biblioteka

japanu-petnieci-juko-josidu/
⑪ Bibliotēku likums https://likumi.lv/ta/id/48567-biblioteku-likums
⑫ Bibliotēku sistēma, https://www.biblioteka.lv/biblioteku-sistema/
⑬ Cikls Latviešu grāmatai 500 https://www.gramatai500.lv/par500
⑭ Dainas: Dainu Skapis. Latvju dainas, tautasdziesmas, dziesmas, www.dainuskapis.lv
⑮ Diasporas likums, https://likumi.lv/ta/id/302998-diasporas-likums
⑯ Digitālā bibliotēka, Portāls Bibliotēka.lv, 11. marts, 2024 https://www.biblioteka.lv/digitala-biblioteka-top-kopa-intervija-ar-karinu-banderi-un-evu-auseju/
⑰ Ford, Anne, Other (Pandemic) Duties as Assigned, American Libraries, April 24, 2020, https://americanlibrariesmagazine.org/blogs/the-scoop/other-pandemic-duties-as-assigned/
⑱ Grāmatu Iepirkuma publiskajām bibliotēkām nolikumu, https://www.biblioteka.lv/wp-content/uploads/2023/07/Gra%CC%84matu-iepirkuma-nolikums.pdf
⑲ Iedvesmas bibliotēka, https://www.gaisma.lv/lv/projekts/iedvesmas-biblioteka
⑳ Īpaša grāmata īpašā plauktā, https://tautasgramatuplaukts.lv/
㉑ Kad grāmatas nāk pie tevis: mobilo bibliotēku veidotāji Latvijā un pasaulē par misijas apziņu, grūtībām un prieku Portāls Bibliotēka.lv, 4. augusts, 2022, https://www.biblioteka.lv/kad-gramatas-nak-pie-tevis-mobilo-biblioteku-veidotaji-latvija-un-pasaule-par-misijas-apzinu-grutibam-un-prieku/
㉒ Kārtība, kādā aprēķina, izmaksā un sadala atlīdzību par publisko patapinājumu, https://likumi.lv/doc.php?id=162311
㉓ Klīversala, https://gids.lnb.lv/kliversala
㉔ Krājums, https://www.lnb.lv/library/krajums/
㉕ Kultūras centru statistika, https://data.gov.lv/dati/lv/dataset/kulturas-centru-statistika
㉖ Kultūras ministrijas atbalsts vērtīgo grāmatu iepirkumam, Portāls Bibliotēka.lv, 2. novembris, 2020, https://www.biblioteka.lv/kulturas-ministrijas-atbalsts-vertigo-gramatu-iepirkumam/
㉗ Lasīšanas prieks sākas ar izvēles brīvību: Intervija ar LNB Bērnu

p.31-38.

⑫ 吉田右子「課金制」『図書館情報学事典』日本図書館情報学会 編，丸善出版，2023, p.516-517.

⑬ 吉田右子「デンマークにおける文芸振興政策」『図書館界』74（6）2023, p. 300-313.

⑭ 吉田右子「ノルウェーにおける文芸振興政策と公共図書館：文芸作品調達制度に焦点を当てて」『図書館界』74（1）, 2022, p.1-14.

【欧文参考資料】

① Annual Report To Cenl Year 2022, https://www.cenl.org/wp-content/uploads/2023/06/CENL_report_Latvia-2022.pdf

② Aptaujas rezultāti: kā lasām gadu pēc pandēmijas sākuma? https://www.biblioteka.lv/aptaujas-rezultati-ka-lasam-gadu-pec-pandemijas-sakuma/

③ Aptieka dvēselei: Saruna ar RCB filiālbibliotēkas „Rēzna" galveno bibliotekāri Jeļenu Futu, https://www.rcb.lv/2017/11/aptieka-dveselei/

④ Ārlietu ministrija, Diasporas organizācijas un kopiena, https://www.mfa.gov.lv/lv/diasporas-organizacijas-un-kopiena?utm_source=https%3A%2F%2Fwww.google.com%2F

⑤ Bezmaksas pakalpojumi https://www.rcb.lv/lietotajiem/bezmaksas-pakalpojumi/

⑥ Bērnu, jauniešu un vecāku žūrija, https://dom.lndb.lv/data/obj/file/35063909.jpg

⑦ Bērnu, jauniešu un vecāku žūrija 2023, https://lasamkoks.lv/lat/bernu_un_jauniesu_zurija/2896-bernu-jauniesu-un-vecaku-zurija-2023

⑧ Bibliobuss piegādā arī produktus un medikamentus, https://www.youtube.com/watch?v=vxgTwQiEuq0

⑨ Bibliotekāri prot sapņņot: Intervija ar KarinuPētersoni par projektu "Iedvesmas bibliotēka", Portāls Bibliotēka.lv, 8. jūlijs, 2022, https://www.biblioteka.lv/bibliotekari-prot-sapnot-intervija-ar-karinu-petersoni-par-projektu-iedvesmas-biblioteka/

⑩ "Bibliotēkas ir sabiedrības cerību bākas": Intervija ar japāņu pētnieci Juko Jošidu, Portāls Bibliotēka.lv, 22. augusts, 2023, https://www.biblioteka.lv/bibliotekas-ir-sabiedribas-ceribu-bakas-intervija-ar-

Latvijā, Latvijas Nacionālā bibliotēka, 2020, 189p.

㉓ *Tænketanken Fremtidens Biblioteker, Biblioteksbrug i Dag og i Morgen: En Målgruppe-Baseret Kortlægning*, København, Tænketanken Fremtidens Biblioteker, 2023, 198p. https://www.fremtidensbiblioteker.dk/upl/website/undersgelse/TaenketankensSegmenteringsundersoegelse2023.pdf

㉔ Vilks, Andris and Dreimane, Jana, "Modernization of Libraries in a Postcommunist State: The Roles of the George Soros, Andrew W. Mellon, and Bill & Melinda Gates Foundations in the Development of Latvian Libraries," *Library Trends*, vol. 63, no.2, 2014, p.233-251.

【和文参考文献】

① 池田貴儀「マインドフルネスと図書館：米国における動向」『カレントアウェアネス』357, 2023年9月, p. 2-7, https://dl.ndl.go.jp/view/prepareDownload?itemId=info:ndljp/pid/12996498

② 大塚敦子『動物がくれる力 教育、福祉、そして人生』岩波書店, 2023, 286p.

③ 黒沢歩『木漏れ日のラトヴィア』新評論, 2004, 117p, 118p.

④ 黒沢歩「ラトヴィアの児童書事情」『国際子ども図書館の窓』12, p. 18-28.

⑤ 国立国会図書館, 図書館利用者の情報行動の傾向図書館に関する意識調査 – 集計レポート –, 2015, 218p. https://dl.ndl.go.jp/view/download/digidepo_9111358_po_03_report.pdf?contentNo=27&alternativeNo=

⑥ 定松文「文化の政治的選択と社会空間：ラトビアにおける言語選択と実態調査をもとに」『恵泉女学園大学紀要』26, 2014, p.157-175.

⑦ 志摩園子 編著『ラトヴィアを知るための47章』明石書店, 2016, 336p.

⑧ パルクローネ, イルゼ「『ラトヴィアらしさ』のエッセンス」「ラトヴィア　建築の表出」『a+u Latvia』555, 2016, p.8-9.

⑨ 堀口大樹「インタビュー調査に基づいたバルト３国のロシア語系住民の言語状況の考察」『スラヴ文化研究』16, 2018, p.1-21.

⑩ 堀口大樹「ラトヴィアにおける言語状況と言語政策・言語教育政策」『拡大 ＥＵ 諸国における外国語教育政策と その実効性に関する総合的研究』東京外国語大学, 2009, p.27-50.

⑪ 堀口大樹「ラトヴィアにおける多言語性」『スラヴ学論集』21, 2018,

lndb.lv/data/obj/file/31737364.pdf
⑫ Latvijas Nacionālās bibliotēka, Latvijas bibliotēkas 2021. gadā Pārskata ziņojums, 2022, 49p. https://dom.lndb.lv/data/obj/file/33771455.pdf
⑬ Latvijas Nacionālā bibliotēka, *Latvijas bibliotēkas 2022.Gadā: Pārskata-ziņojums*, Rīga, Latvijas Nacionālā bibliotēka, 2023, 44p. https://www.biblioteka.lv/wp-content/uploads/2023/12/Latvijas-bibliote%CC%84kas-2022.-gada%CC%84_pa%CC%84rskata-zin%CC%A7ojums.pdf
⑭ Latvijas Nacionālās bibliotēkas Bibliogrāfijas institūts, *Latvijas izdevējdarbības statistika 2022*, Riga, Latvijas Nacionālā bibliotēka, 2022, 19p.
⑮ LNB Bibliotēku attīstības centrs, Ar viedumu medijpratībā: padomi bibliotekāriem darbā ar senioriem, Riga, Latvijas Nacionālā bibliotēka, 2023, 20p. https://dom.lndb.lv/data/obj/file/33907516.pdf
⑯ Mäkinen, Ilkka, Reimo, Tiiu, Torstensson, Magnus, *Library Spirit in the Nordic and Baltic Countries: Historical Perspective*, Hibolire, 2009, 188p.
⑰ Newmark, Rosie "Tranquil Tones: Libraries offer sound meditation classes", *American Libraries* 11/12, 2023 p.12-13, https://americanlibrariesmagazine.org/2023/11/01/tranquil-tones/
⑱ Rīgas Centrālā bibliotēka, Rīgas Centrālās bibliotēka 2022. gada pārskats, 82p. https://www.rcb.lv/wp-content/uploads/2023/10/RigasCB_parskats_2022.pdf
⑲ Rīgas Centrālās bibliotēka, Rīgas Centrālās bibliotēkas gadagrāmata 2020-2021, Rīgas Centrālā bibliotēka, 160p. https://www.rcb.lv/wp-content/uploads/2023/02/RigaCB_gadagramata_2020-2021.pdf
⑳ Stare, Ieva, *The Castle of Light: The National Library of Latvia*, Riga, National Library of Latvia Foundation, 2020, 70p.
㉑ Šmita, Dzidra, Doloresa Veilande, Gida Zepkāne, Rīgas Centrālā bibliotēka un tās filiālbibliotēkas, Rīga:Rīgas Centrālā bibliotēka, 2020, 70p. https://www.rcb.lv/wp-content/uploads/2022/03/RCB_info_izdevums.pdf
㉒ Treile, Maija, *Lasīšanas pandēmija: esejas par lasīšanas vēsturi*

参考文献・参考資料一覧

【欧文参考文献】

① Anghelescu, Hermina G.B. ed., Libraries in a Postcommunist World: A Quarter of a Century of Development in Central and Eastern Europe and Russia: Part 1, *Library Trends* 63 (2), Fall, 2014

② Anghelescu, Hermina G.B. ed., Libraries in a Postcommunist World: A Quarter of a Century of Development in Central and Eastern Europe and Russia: Part 2, *Library Trends* 63 (4), Spring 2015

③ Anghelescu, Hermina G.B. "Introduction,", *Library Trends*, vol. 63, no.2, Fall 2014 p.112-126.

④ Briede, Rūta, *Bērnus un vecākus tuvina kopīga lasīšana*, Rīga : Latvijas Nacionālās bibliotēkas Atbalsta biedrība, 2020, 15p. https://www.gaisma.lv/lv/projekts/gramatu-starts

⑤ Brown, Wanda Kay, Libraries Adapt amid Crisis, *American Libraries* May 2020, p.4. https://americanlibrariesmagazine.org/blogs/the-scoop/ala-statement-covid-19/

⑥ Coates, Tim T*he Freckle Report: An Analysis of Public Libraries in the US, UK and Australia*, Tim Coates, 2020, 44p.

⑦ Dreimane, Jana, "Public libraries in Lativa in the 20th century," in Martin Dyrbye, Ilkka Mäkinen and Tiiu Reimo, Magnus Torstensson eds., *Library Spirit in the Nordic and Baltic Countries: Historical Perspective*, Tampere, Hibolire, 2009, 188p.

⑧ Izglītības un zinātnes ministra, *Valsts valodas politikas pamatnostādnes 2021.-2027. gadam*, 2021, 41p. https://www.izm.gov.lv/lv/media/13858/download

⑨ Latvijas Kultūras akadēmijas Zinātniskās pētniecības centrs, Pētījums Par Latvijas iedzīvotāju grāmatu lasīšanas paradumiem, Riga, Latvijas Grāmatizdevēju asociācija, 2018, 81p. https://lka.edu.lv/media/cms_page_media/153/Petijums_gramatu_lasisanas_paradumi_feb_2018.pdf

⑩ Latvijas Nacionālā bibliotēka, Latvijas bibliotēkas 2019. gadā Pārskata ziņojums, Rīga, Latvijas Nacionālā bibliotēka, 2020, 49p. https://dom.lndb.lv/data/obj/file/29179722.pdf

⑪ Latvijas Nacionālā bibliotēka, Latvijas bibliotēkas 2020. gadā Pārskata ziņojums, Riga, Latvijas Nacionālā bibliotēka, 2021, 59p. https://dom.

ラトヴィアソヴィエト社会主義共和国主要文学委員会（LPSR Galvenā literatūras pārvalde） 49
ラトヴィアソヴィエト社会主義共和国図書配給センター（Latvijas PSR bibliotēku kolektors） 49
ラトヴィア大学人文学部アジア学科（Latvijas Universitātes Humanitāro zinātņu fakultātes Āzijas studiju nodaļa） 174
ラトヴィア大学文学・民俗・芸術研究所（Latvijas Universitātes Literatūras, Folkloras un mākslas institūts） 180
ラトヴィア・ディアスポラ（Latvijas diaspora） 15, 101, 172
ラトヴィア図書館協会（Latvijas Bibliotekāru biedrība） xvi, 13, 44, 45, 47, 56, 57, 62, 70
ラトヴィア図書館週間（Latvijas Bibliotēku nedēļa） 57, 229, 233
ラトヴィア図書館評議会（Latvijas Bibliotēku padome） 39, 40, 42, 44, 56, 223
ラトヴィア図書館ポータル（Latvijas Bibliotēku portals） 160, 244-247, 253
ラトヴィア年間文学賞（Latvijas literatūras gada balva） 13
ラトヴィア文学センター（Latvijas Literatūras centrs） 18
ラトヴィア・メディア（Latvijas Mediji） 88, 116
ラトニエツェ、サンドラ（Sandra Ratniece） 89, 93
リエルス・ウン・マス（Liels un mazs） 106
リーガ（Rīga） xiii, xviii, 20, 25, 26, 37, 38, 65, 75, 91, 97, 141, 165, 190, 192, 194-197, 200, 210, 212, 213, 216, 222-227, 232, 233
リーガ新劇場（Jaunais Rīgas Teātris） 163
リーガ中央図書館（Rīgas Centrālā Bibliotēka） 25, 43, 66, 68, 73, 88, 89, 93, 95, 130, 141, 192, 197-242, 246, 250, 256
リーガ中央図書館利用規則（Rīgas Centrālās bibliotēkas lietošanas noteikumi） 204, 206, 207, 209
リーガ・ブックフェスティバル（Rīgas Grāmatu svētki） 25
りんごの本棚（Ābolu plaukti） 202, 203
ルクシャーネ＝シュチプチンスカ、ダッツェ（Dace Rukšāne-Ščipčinska） 28
ルツァヴサラ・ビーチ読書室（Pludmales lasītava Lucavsalā） 199, 226, 238-242
朗読コンテスト（Skaļās lasīšanas sacensības） 100, 106-109
ロギナ、アグネセ（Agnese Logina） 116
ローゼ、ヤーニス（Jānis Roze） 109

【ら】

ライニス（Rainis, 本名 Jānis Pliekšāns, 1865～1929）　91, 125, 165, 170
ラガノフスカ、ヴィヤ（Vija Laganovska）　89
ラトヴィア共和国憲法（Latvijas Republikas Satversme）　6, 7, 45
ラトヴィア国立公文書館（Latvijas Nacionālais arhīvs）　118, 144, 232
ラトヴィア国立図書館（Latvijas Nacionālā bibliotēka）　xvi, 7, 9, 13, 16, 19, 26, 27, 30, 39, 46, 47, 54-58, 60, 61, 70, 74, 81, 90, 106, 109, 110, 118, 124-190, 199, 223, 224, 246, 250, 252
ラトヴィア国立図書館開発局図書館開発センター（LNB Attīstības departamenta Bibliotēku attīstības centrs）　117, 119, 157, 159, 224, 244, 253
ラトヴィア国立図書館規則（Latvijas Nacionālās bibliotēkas nolikums）　133
ラトヴィア国立図書館支援協会（Latvijas Nacionālās bibliotēkas atbalsta biedrība）　85, 131, 163, 164, 169, 170
ラトヴィア国立図書館児童文学センター（LNB Bērnu literatūras centrs: BLC）　84, 85, 100, 104, 107, 110, 111, 152, 153, 185-187, 247, 256
ラトヴィア国立図書館に関するラトヴィア共和国法（Latvijas Republikas Likums par Latvijas Nacionālo bibliotēku）　133
ラトヴィア国立図書館利用規則（Latvijas Nacionālās bibliotēkas lietošanas noteikumi）　146
ラトヴィア語修得国家庁（Latviešu valodas apguves valsts aģentūra）　6
ラトヴィア語政策ガイドライン（*Valsts valodas politikas pamatnostādnes*）　6, 7
ラトヴィア語庁（Latviešu valodas aģentūra）　xv, 6, 7
ラトヴィア語の地位に関する決議（Latvijas PSR Augstākās Padomes lēmums par latviešu valodas statusu）　45, 50
ラトヴィア作家連盟（Latvijas Rakstnieku savienība）　13, 92, 93, 96
ラトヴィア児童青少年文学評議会（Latvijas Bērnu un jaunatnes literatūras padome）　106, 109
ラトヴィア書籍出版社協会（Latvijas Grāmatu izdevēju asociācijas）　13, 20, 25
ラトヴィア書籍出版社協会賞（Latvijas Grāmatizdevēju asociācijas balva）　97
ラトヴィアソヴィエト社会主義共和国言語法（Latvijas Sociālistiskās Padomju Republika Valodu likums）　4, 5, 45, 51

バルト東アジア研究センター（Baltijas Austrumāzijas pētniecības centrs: AsiaRes） 167, 172-174
バロンス、クリシュヤーニス（Krišjānis Barons, 1835～1923） 181-183
光の道：本の愛好者の鎖（Gaismas ceļš – grāmatu draugu ķēde） 129-131, 249
人びとの本棚（Tautas grāmatu plaukts） 131, 183, 184
ビリニュス（Vilnius） xiii
ビル・アンド・メリンダ・ゲイツ財団（Bill & Melinda Gates Foundation） 46, 52, 53, 55, 113, 254
ビルケルツ、グナールス（Gunārs Birkerts, 1925～2017） 124, 125, 127, 176, 188, 189
ブックスタート（Grāmatu starts） 93, 104-106, 110
ブラ、ロランダ（Rolanda Bula） 88, 89
ブリエデ、ルータ（Rūta Briede） 84, 105, 187
フルシチョフ、ニキータ（Никита Хрущёв, 1894～1971） 49
プロメテウス（Prometejs） 116
文学、芸術、科学に対するバルト議会賞（Baltijas Asamblejas balva literatūrā, mākslā un zinātnē） 13
文化省（Kultūras ministrija） 12, 16, 40, 42, 46, 50, 60, 100, 102, 119, 251
文化情報システムセンター（Kultūras informācijas sistēmu centrs） 144
ベルジンスカ、リリヤ（Lilija Berzinska） 89, 211
北欧文学週間（Ziemeļvalstu literatūras nedēļa） 32-34
【ま】
マンサルツ（Mansards） 116
ミシンシュ、ヤーニス（Jānis Misiņš, 1862～1944） 128
メートラ、アリセ（Alise Mētra） 92, 93
【や】
ヤーニス・バルトヴィルクス賞（Jāņa Baltvilka balva） 13
ユーゲントシュティール建築地区（Jūgendstila kvartāls） 194
ユディナ、ダッツェ（Dace Judina） 31
ユマヴァ（Jumava） 116
ユールマラ（Jūrmala） xviii, 86
ユンゼ、アルノ（Arno Jundze） 96-98

45, 52, 254
ソロス財団ラトヴィア（Soros Foundation -Latvia: SFL）　52
【た】
大衆図書館（masu bibliotēka）　50, 224
タイセ、ヘリエタ（Herieta Taise）　116
ダイナス（Dainas）　i
ダイナスの棚（Dainu skapis）　180-183
タリン（Tallinn）　xiii
地域認定図書館（vietējas nozīmes bibliotēkas）　42
チェクシス、アルニス（Arnis Ķeksis, 1923～2005）　137
チエクルカルンス分館（Čiekurkalna filiālbibliotēkas）　25, 89, 199, 210, 226, 233-238
チェリメレネ、イライダ（Iraida Ķeļmelene）　92
地方主要図書館（reģiona galvenā bibliotēka）　38, 42
著作権およびコミュニケーション・コンサルティング・エージェンシー／ラトヴィア著作者協会（Autortiesību un komunicēšanās konsultāciju aģentūra / Latvijas Autoru apvienība: AKKA / LAA）　60, 94
著作権法（Autortiesību likums）　46, 94
ディアスポラ法（Diasporas likums）　15
デイゲリス、ダイニス（Dainis Deigelis）　93
デジタル文化遺産開発戦略（Digitālā kultūras mantojuma attīstības stratēģija）　144
統一図書館情報システム（Valsts vienotā bibliotēku informācijas sistēma）　46, 53
図書館認定委員会（Bibliotēku akreditācijas komisija）　223
図書館法（Bibliotēku likums）　38-42, 45, 52, 56, 99, 255
ドリペ、ヤーニス（Jānis Dripe）　131
トルニャカルンス分館（Torņakalna filiālbibliotēka）　199, 226, 227, 232, 233
【な】
ナウマニス、ノルムンズ（Normunds Naumanis, 1962～2014）　177
ナショナル・エンサイクロペディア（Nacionālā enciklopēdija）　162
【は】
バルト図書館員会議（Baltijas bibliotekāru kongress）　45, 57
バルトの道（Baltijas ceļš）　xiii, 45

公共貸与に関する報酬の計算、支払い、分配手順（Kārtība, kādā aprēķina, izmaksā un sadala atlīdzību par publisko patapinājumu） 94
公共図書館のための図書調達に関する規定（Grāmatu iepirkuma publiskajām bibliotēkām nolikums） 12
国立文化財局（Nacionālā kultūras mantojuma pārvalde） 144
国家語センター（Valsts valodas centrs） 8
国家語庁（Valsts valodas aģentūra） 6
国家語法（Valsts valodas likums） 5, 46, 51
国家認定図書館（valsts nozīmes bibliotēka） 38, 42
国家文化資本基金（Valsts kultūrkapitāla fonds） 12, 52, 96, 98, 109
国家文化評議会（Nacionālās kultūras padome） 18, 223
子ども・青少年・親の審査員（Bērnu, jauniešu un vecāku žūrija） 14, 100-104, 110, 153
コムナール公園（Komunāru parks） 91
ゴルバチョフ、ミハイル（Михаил Горбачёв, 1931～2022） 50
【さ】
作家センター（Författarcentrum） 97
作家の図書館訪問（Rakstnieku viesošanās bibliotēkās） 87-98
ザンデレ、イネセ（Inese Zandere） 105
三番目の息子（Trešais tēva dēls；3td） 46, 53, 113-116, 201
ジエドニス、イマンツ（Imants Ziedonis, 1933～2013） 169
自主出版（ラトヴィア語：pašizdošana、ロシア語：самиздат） 156
詩の日（Dzejas dienas） 91, 93
詩の朗読室（Dzejas lasītava） 220, 221
社会統合基金（Sabiedrības integrācijas fonds） 24
勝利公園（Uzvaras parks） 199, 231
ズヴァイグズネ ABC（Zvaigzne ABC） 109, 116, 220
スターリン、ヨシフ（Иосиф Сталин, 1878～1953） 49
ストラディンシュ、ヤーニス（Jānis Stradiņš, 1933～2019） 173
スミルジス、エドゥアルズ（Eduards Smiļģis, 1886～1966） 229
セテルフィールダ、ディアーナ（Diāna Seterfīlda） 117
ゼレンスカ、オレーナ（Олена Зеленська） 74, 75
ゼレンスキー、ウォロディミル（Володимир Зеленський） 74
ソロス・オープン・ソサエティ財団（Soros Open Society Foundations）

索　引

【あ】
アーゲンスカルンス分館（Āgenskalna filiālbibliotēka）199, 226-233
アーベレ、ライマ（Laima Ābele）92, 93
アルカーディヤ公園（Arkādijas parks）231
アルプス、アンドリス（Andris Alps）93
アレクシエーヴィッチ、スヴェトラーナ（Светлана Алексиевич）31
イクステナ、ノラ（Nora Ikstena）18
ヴァルデマールス、クリシュヤーニス（Krišjānis Valdemārs, 1825～1891）47
ヴィートルス、ヤーゼプス（Jāzeps Vītols, 1863～1948）125
ヴィリニュス（Vilnius）xiii
ヴェツグラーヴィス、クリスタプス（Kristaps Vecgrāvis）92, 93
ウクライナの本棚（Українська книжкова поличка）74, 75
ウクライナ文化遺産保存センター（Ukrainas Kultūras mantojuma glābšanas centrs）74
歌と踊りの祭典（Dziesmu un Deju svētki）xviii, 15, 43, 47, 138-142
ウバーンス、ユリス・K.（Juris K. Ubāns, 1938～2021）137
ウルメ、マーラ（Māra Ulme）93
エイゼンシュテイン、ミハイル（Михаил Эйзенштейн, 1867～1920）195
エスプラナーデ（Esplanāde）91
エンジェレ、アンタ（Anta Eņģele）238
オーウェンズ、ディーリア（Delia Owens）116, 117
黄金のリンゴ（Zelta ābele）13
【か】
カブレ、ジャウメ（Jaume Cabré）28
カルンオゾラ、アンドラ（Andra Kalnozola）31
義務的複製資料法（Obligāto eksemplāru likums）54, 135
行政区域及び居住区域に関する法（Administratīvo teritoriju un apdzīvoto vietu likums）37
クラモフス、ユリイス（Jurijs Kulamovs）92
グリーナ、アレクサンドラ（Aleksandra Grīna, 1895～1941）184
グルベ、エヴィヤ（Evija Gulbe）89, 90, 211

●注意

(1) 本書は著者が独自に調査した結果を出版したものです。

(2) 本書は内容について万全を期して制作いたしましたが、万一、ご不審な点や誤り、記載漏れなどお気付きの点がありましたら、出版元まで書面にてご連絡ください。

(3) 本書の内容に関して運用した結果の影響については、上記 (2) 項にかかわらず責任を負いかねます。あらかじめご了承ください。

(4) 本書の全部または一部について、出版元から文書による承諾を受けずに複製することは禁じられています。

(5) 商標

本書に記載されている会社名、商品名などは一般に各社の商標または登録商標です。

■カバーデザイン　喜來詩織（エントツ）

■カバー写真　Diego Grandi / Shutterstock.com

■本文写真　吉田右子（但し書きのあるものは除く）

ラトヴィアの図書館《としょかん》

発行日　2024年10月 1日　第1版第1刷

著　者　吉田《よしだ》　右子《ゆうこ》

企画・編集　株式会社　新評論

発行者　斉藤　和邦

発行所　株式会社　秀和システム

〒135-0016

東京都江東区東陽2-4-2　新宮ビル2F

Tel 03-6264-3105（販売）Fax 03-6264-3094

印刷所　三松堂印刷株式会社　Printed in Japan

ISBN978-4-7980-7383-5 C0000

定価はカバーに表示してあります。

乱丁本・落丁本はお取りかえいたします。

本書に関するご質問については、ご質問の内容と住所、氏名、電話番号を明記のうえ、当社編集部宛FAXまたは書面にてお送りください。お電話によるご質問は受け付けておりませんのであらかじめご了承ください。